expo 2 pour l'Écosse

Jon Meier Gill Ramage

Vert

www.harcourt.co.uk

✓ Free online support
✓ Useful weblinks
✓ 24 hour online ordering

01865 888080

Heinemann
From Harcourt

Heinemann Educational Publishers
Halley Court, Jordan Hill, Oxford OX2 8EJ
Part of Harcourt Education

Heinemann is the registered trademark of
Harcourt Education Limited

First published 2007

11 10 09 08 07
10 9 8 7 6 5 4 3 2 1

British Library Cataloguing in Publication Data is available from the British Library on request.

ISBN 978 0 435376 70 3

Copyright notice

Produced by Ken Vail Graphic Design, Cambridge

Original illustrations © Harcourt Education Limited, 2004

Illustrated by **Beehive Illustration** (Theresa Tibbetts), **Bill Ledger**, **Graham-Cameron Illustration** (David Benham), **New Division** (Monica Laita, Sean Sims), **Sylvie Poggio Artists Agency** (Nick Duffy, Mark Ruffle) and by **Young Digital Poland** (Robert Zaszczurowski)

Printed in China by CTPS

Cover photo: © Digital Vision/Robert Harding

Acknowledgements

The authors would like to thank Helen, Rachel and Daniel, Marie-Louise Greenfield, Pete Milwright, Andre Schock, the pupils from Collège Alin, Frignicourt, the actors of the Ateliers de Formation Théâtrale led by Nathalie Barrabé, Rouen, recorded at Studio Accès Digital, Rouen, by François Casays, M. Bernard-Peyre, Mme Corinne Grange, Mme Delphine Cesaretti and the pupils of Collège Stendhal, Grenoble, Peter Schofield and Josette Ondarsuhu of the Oxford-Grenoble Association, Kathryn Tate, Catriona Watson-Brown and Krystelle Jambon for their help in the making of this course.

Song lyrics by [illegible] Meier and Gill Ramage

Music composed and arranged by John Connor

Songs performed by "Les Loups Rouges" (John Connor, Pete O'Connor and Dick Churchley), vocals by Stefan Lander and Katherine Pageon

Recorded at Gun Turret Studios, Bromsgrove.
Engineered by Pete O'Connor.

The authors and publishers would like to thank the following for permission to reproduce copyright material: page d'accueil, © Bayeux-tourism.com, p.86

Photographs were provided by **Harcourt Education Ltd/Steve J. Benbow** p. 6 & p. 8 (teenage boy), **Empics** p.7 (Thierry Henry), **Popperfoto/Reuters** p.7 (Lisa Simpson), **Corbis** p.7 & p.19 (Gérard Depardieu), **Harcourt Education Ltd/Steve J. Benbow** p.18 (teenage girl with blonde hair), **Empics** p.19 (Zinédine Zidane), **Getty Images UK/Getty News & Sport** p.49 (Jenifer Bartoli), **Harcourt Education Ltd/C. Ridgers** p.74 (choucroute), **Harcourt Education Ltd/Keith Gibson** p.74 (crêpes), **Harcourt Education Ltd/Gareth Boden** p.74 (salade niçoise), **Getty Images UK/Photodisc** p.74 (fish soup, cider & champagne), **Tracy Greenwood** p.82 (outdoor swimming pool), **Alamy/Michael Dwyer** p.86 (Dakar, Sénégal), **Mary Evans Picture Library** p.92 (King Louis XVI & Marie Antoinette), **Corbis** p.93 (Olympic medal ceremony & French rugby team), **Harcourt Education Ltd/Steve J. Benbow** p.96 (teenage girl with short black hair), **Harcourt Education Ltd/Peter Morris** p.100 (mobile phone), **Apple images** p.100 (mp3 player), **Harcourt Education Ltd/Chrissie Martin** p.100 (joypad), **Harcourt Education Ltd/Gareth Boden** p.100 (PDA electronic organiser), **Canon** p.100 (camcorder & digital camera), **Hemera Photo Objects** p.100 (electronic keyboard & watch), **Getty Images UK/Photodisc** p.103 (Lisbon, Big Ben & The Acropolis), **Corbis** p.103 (The Matterhorn, Neuschwanstein Castle & The Eiffel Tower). All other photographs are provided by **Harcourt Education Ltd/Martin Sookias.**

All other photographs Harcourt Education Ltd/**Martin Sookias**.

Every effort has been made to contact copyright holders of material reproduced in this book. Any omissions will be rectified in subsequent printings if notice is given to the publishers.

Tel: 01865 888080 www.heinemann.co.uk

Table des matières

Module 1 Famille et domicile

Unité 1 *Salut!* 6
Talking about yourself
Using the pronouns *je* and *tu*

Unité 2 *Mon album de famille* 8
Talking about families
Using the pronouns *il* and *elle*

Unité 3 *Au boulot* 10
Talking about jobs people do
Using masculine and feminine nouns

Unité 4 *Où habitent-ils?* 12
Talking about where people live
Using *depuis*

Unité 5 *Quel temps fait-il?* 14
Describing the weather
Using the pronoun *on*

Bilan et Contrôle Révision 16

En plus *Les petites annonces* 18
Finding a French penpal

En plus *Comment dit-on …?* 20
Idioms

Mots *Stratégie 1* 22
Improving your pronunciation

Module 2 Temps libre

Unité 1 *Le week-end* 24
Talking about what you like doing
Using *j'aime* + the infinitive

Unité 2 *Que fais-tu comme sport?* 26
Talking about what sports you do
Using *je joue* and *je fais*

Unité 3 *Micro-trottoir* 28
Talking about what you do with your friends
Using the pronoun *nous*

Unité 4 *La télé* 30
Talking about TV programmes you have watched
The perfect tense with *regarder*

Unité 5 *Le week-end dernier* 32
Saying what you and your friends did
The perfect tense with more *-er* verbs

Bilan et Contrôle Révision 34

En plus *La télévision en France* 36
French TV programmes

En plus *Joyeux Noël, Père Noël!* 38
Christmas

Mots *Stratégie 2* 40
Remembering what words mean

Module 3 Les sorties

Unité 1 *Tu veux sortir?* 42
Making and reacting to invitations
Using the verb *vouloir*

Unité 2 *Désolé(e), mais ...* 44
Making excuses
Using the verbs *pouvoir* and *devoir*

Unité 3 *Les vêtements* 46
Talking about clothes
Adjectival agreement

Unité 4 *Faire les magasins* 48
Buying clothes
Using comparative adjectives

Unité 5 *En ville* 50
Saying where you went
Using *aller* in the perfect tense

Bilan et Contrôle Révision 52

En plus *Ce week-end* 54
Describing your weekend; quiz

En plus *Les jeunes en France* 56
Clothes survey

Mots *Stratégie 3* 58
Faux amis

Module 4 Manger et boire

Unité 1 *Bon appétit!* 60
Food you like and don't like
Using the definite article after *aimer*

Unité 2 *Les repas* 62
Breakfast and lunch
Using *du, de la, de l', des*

Unité 3 *On prépare une fête* 64
Preparing for a party
Using *il faut* + the infinitive

Unité 4 *On fait des achats* 66
Buying provisions
Using *de* with quantities

Unité 5 *Au restaurant* 68
Evening meals
Taking part in short dialogues

Bilan et Contrôle Révision 70

En plus *Bien manger* 72
What people eat

En plus *Les spécialités régionales* 74
French regional culinary specialities

Mots *Stratégie 4* 76
Learning by doing

Module 5 Voyages et vacances

Unité 1	*Les pays* Countries and languages Using the prepositions *à* and *en*	78
Unité 2	*On part …* Talking about holidays Asking questions using question words	80
Unité 3	*Au centre de vacances* Describing a holiday centre Giving opinions	82
Unité 4	*Voyager en ligne* Finding information about a holiday destination Asking questions	84
Unité 5	*Destination Sénégal* Talking about a past holiday More practice with the perfect tense	86
Bilan et Contrôle Révision		88
En plus	*Bonnes vacances, mauvaises vacances* Holiday experiences	90
En plus	*La révolution française* History of the French Revolution	92
Mots	*Stratégie 5* More learning by doing	94

Module 6 Les copains

Unité 1	*La page des copains* Talking about your friends More practice with comparative adjectives	96
Unité 2	*Mon argent de poche* Pocket money Using *ne … jamais*	98
Unité 3	*Technofolie* Talking about gadgets More practice with adjectives	100
Unité 4	*Où vas-tu aller en vacances?* Plans for the holidays *Je vais* + the infinitive	102
Unité 5	*Rêves d'avenir* Talking about plans and dreams Using *je voudrais* + the infinitive	104
Bilan et Contrôle Révision		106
En plus	*À la maison des jeunes* Talking about youth clubs	108
En plus	*La page des blagues* French jokes	110
Mots	*Stratégie 6* Impress a French person – show how much you know!	112
À toi		114
Grammaire		126
Vocabulaire français-anglais		145
Vocabulaire anglais-français		151

1 Famille et domicile

1 Salut! Talking about yourself
Using the pronouns *je* and *tu*

écouter **1** **Écoute et lis.**
Listen and read.

Salut! Je m'appelle Philippe Massy. (1)

J'habite à Paris (2) et j'ai 13 ans. (3)

J'ai un chat qui s'appelle Ozzy. (4)

Je suis assez grand. (5) J'ai les yeux bleus et les cheveux blonds. (6)

Je suis très sportif, mais je suis aussi un peu paresseux. (7)

J'adore le sport, surtout le foot et la Formule 1, (8) mais je déteste les devoirs. (9)

lire **2** **Trouve les réponses dans le texte.**
Find the answers in the text.

Exemple: **a**, 4

a Tu as un animal?
b Quel âge as-tu?
c Tu es petit?
d Tu es comment?
e Comment t'appelles-tu?
f Décris tes yeux et tes cheveux.
g Tu aimes les devoirs?
h Tu aimes le sport?
i Où habites-tu?

écouter **3** **Écoute les interviews. Identifie la personne qui parle. (1–4)**
Listen to the interviews. Identify who is talking.

a

b

c

d

lire 4 Copie et complète la grille.

Copy and complete the table.

Prénom	Âge	Caractère	Yeux	Cheveux	Aime/Adore

Je m'appelle Thierry Henry et j'ai vingt-sept ans. Je suis très sportif et actif. J'ai les yeux marron et les cheveux noirs. J'adore le sport, surtout le foot. J'aime aussi les voitures.

Je suis Lisa Simpson et j'ai huit ans. Je suis amusante et aussi très intelligente. J'ai les cheveux blonds et les yeux noirs. J'aime la musique, surtout jouer du saxophone. J'ai un chien et un chat car j'aime les animaux.

Je m'appelle Gérard Depardieu et j'ai cinquante-cinq ans. Je suis célèbre et très amusant. J'ai les cheveux bruns et les yeux bleus. J'adore le cinéma, mais ma passion, c'est le vin.

Expo-langue ▶ Grammaire 1.6

Je means *I*. It is shortened to **j'** before a vowel or h.
Tu means *you*.

Key verbs

je suis = *I am* — j'ai = *I have*
tu es = *you are* — tu as = *you have*

Remember, in French, you say **J'ai 13 ans** *(I 'have' 13 years)* instead of *I am 13*.

lire 5 Choisis les bons mots pour compléter la phrase.

Choose the right words to complete the sentence.

1 Je m'appelle *Fabien / yeux.*
2 J'ai les cheveux *noirs / petit.*
3 Je suis *sportif / douze ans.*
4 J'ai deux *chat / chiens.*
5 J'ai *lapin / treize ans.*
6 J'aime *le tennis / timide.*

Expo-langue ▶ Grammaire 2.2

masculin	*féminin*
sportif	sportive
actif	active
intelligent	intelligente
amusant	amusante
sympa	sympa
timide	timide
paresseux	paresseuse

parler 6 À deux. Prépare une interview.

In pairs prepare an interview.

- ■ Comment t'appelles-tu?
- ● Je m'appelle ▬.
- ■ Quel âge as-tu?
- ● J'ai ▬ ans.
- ■ Tu as un animal?
- ● J'ai ▬ / Je n'ai pas d'animal.
- ■ Décris ton caractère.
- ● Je suis ▬.
- ■ Décris tes yeux et tes cheveux.
- ● J'ai les yeux ▬ et les cheveux ▬.

écrire 7 Écris un paragraphe sur toi.

Write a paragraph about yourself.

2 Mon album de famille

Talking about families
Using the pronouns *il* and *elle*

écouter **1** **Écoute et lis.**
Listen and read.

1 Oui, c'est moi, Philippe.

2 Ma mère s'appelle Sandrine. Elle travaille à Paris, mais le week-end, elle joue au tennis. Maman adore le sport et le cinéma.

3 J'ai une sœur qui s'appelle Laure. Elle aime les animaux, surtout les chats. Mais elle déteste les araignées ... surtout dans son lit!

4 J'ai un petit frère qui s'appelle Léo. Il collectionne les livres d'Astérix. Le soir, il regarde la télé.

5 Mes parents sont divorcés. Mon père et ma belle-mère, Annette, habitent à Chamonix. Papa mange beaucoup, surtout de la pizza et de la glace! Annette aime le ski.

6 J'ai un demi-frère qui s'appelle Marc. Il adore la musique. Il joue de la guitare dans un groupe et il écoute beaucoup de musique chez nous.

qui = who
moi = me
chez nous = at our house

ma mère	my mother
ma belle-mère	my stepmother
mon père	my father
mon beau-père	my stepfather
ma sœur	my sister
ma demi-sœur	my stepsister
mon frère	my brother
mon demi-frère	my stepbrother

lire **2** **Qui est-ce? Note le prénom.**
Who is it? Write down the name.

Exemple: **1** Marc

1 Il adore la musique.
2 Elle adore les chats.
3 Elle habite à Chamonix.
4 Il collectionne les livres.
5 Elle aime le ski.
6 Il adore la télé.
7 Il habite avec sa mère, Laure et Léo.
8 Elle aime le tennis.

Expo-langue ➧ **Grammaire 3.3**

Most verbs end in **-er** in a word list or dictionary.
Exemple: collectionner, habiter, adorer

You need to change the **-er** ending when you use these verbs:
je collectionn**e** = I collect
tu collectionn**es** = you collect
il/elle collectionn**e** = he/she collects

lire 3 Choisis un verbe pour compléter chaque phrase.

Choose a verb to complete each sentence.

joue | écoute | déteste | collectionne | mange | regarde

1 Thierry ___ une glace.
2 Sarah ___ au tennis.
3 Francine ___ un CD.
4 Fred ___ les livres.
5 Manon ___ la télé.
6 Faiçal ___ les chats.

parler 4 À deux. Lis les verbes. Pareil ou différent?

In pairs. Read the verbs. Do they sound the same or different?

Exemple: **1** pareil

1 collectionne collectionnes
2 habites habiter
3 voyage voyages
4 travailler travaille
5 détestes déteste
6 aimes aime
7 joues joue
8 regarder regardes

The **-er** verb ending sounds like 'ay'.
-e and **-es** on the end of the verb don't have a sound.

écouter 5 Écoute et vérifie.

Listen and check.

parler 6 En groupes. Parle d'un membre de ta famille ou de la famille dans la photo.

In groups. Talk about someone in your family or the family in the photo.

Mon père Ma mère Mon frère Ma sœur	s'appelle	Thomas. Julie.
Il Elle	aime	les chats. la pizza. les livres. le foot.
	déteste	
	collectionne	les livres. les CD.
	joue	au tennis. au foot.

écrire 7 Cherche une photo ou dessine ta famille. Écris deux ou trois phrases sur chaque personne.

Find a photo of your family or draw them.
Write two or three sentences about each person.

3 Au boulot

Talking about jobs people do
Using masculine and feminine nouns

lire 1 **Relie le métier et le bon symbole.**
Match the job with the right symbol.

Exemple: a infirmier

professeur	serveur	infirmier
secrétaire	mécanicien	électricien
vendeur	ouvrier	au chômage
coiffeur		

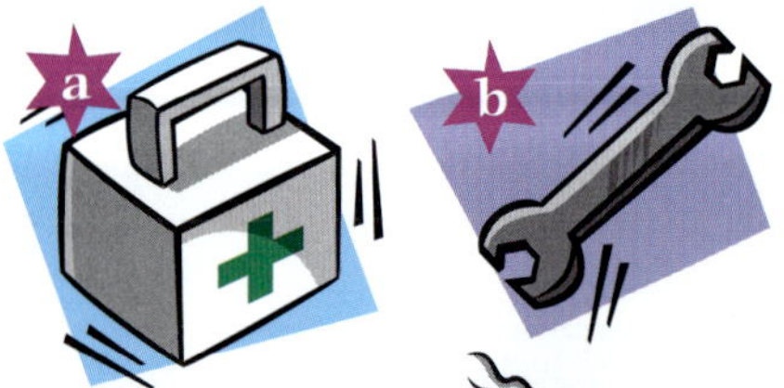

écouter 2 **Ils font quel métier? Note le symbole. (1–10)**
What job do they do? Write down the symbol.

Exemple: 1 g

Expo-langue ▶ Grammaire 1.1

Some job nouns have masculine and feminine forms.
Exemple: serveur/serveuse = waiter/waitress

Some jobs don't change.
Exemple: professeur, secrétaire
You don't need the word for *a* when talking about jobs:
Elle est secrétaire. = She is *a* secretary.

écrire 3 **Écris une phrase pour chaque image.**
Write a sentence for each picture.

Exemple:

Il est ouvrier. Elle est ouvrière.

coiffeur
coiffeuse
serveur
mécanicienne
vendeuse
vendeur
mécanicien
serveuse
infirmière
électricienne

parler 4

À deux. Un(e) partenaire mime un métier. L'autre devine le métier.
In pairs. One partner mimes a job. The other guesses the job.

Exemple:

- ■ Tu es **secrétaire**?
- ● Non!
- ■ Tu es **professeur**?
- ● Oui, je suis professeur.

Expo-langue ▶ Grammaire 3.5

être = to be
je suis = I am
tu es = you are
il/elle est = he/she is

Expo-langue ▶ Grammaire 3.7

Ne … pas means *not*.
It forms a sandwich around the verb.

lire 5

Copie et complète les phrases. Utilise le glossaire si nécessaire.
Copy and complete the sentences. Use the glossary if necessary.

1 Mon père est ▬. Il travaille dans un hôpital à Chamonix.
2 Ma mère travaille dans un bureau. Elle est ▬.
3 Mon demi-frère est ▬. Il travaille chez Danone.
4 Ma sœur ne travaille pas. Elle est ▬.
5 Ma belle-mère est ▬ dans un très bon restaurant.

travailler chez = to work at/for

écouter 6

Note le métier de chaque personne, et si leur opinion est positive ☺ ou négative ☹. (1–4)
Write down each person's job and whether their opinion is positive or negative.

écrire 7

Écris un paragraphe sur les métiers de cette famille de crocodiles.
Write a paragraph about the jobs of this crocodile family.

Crocomaman/Croca	est	infirmière/électricienne/vendeuse/professeur/secrétaire.
Crocopapa/Croco	est	infirmier/électricien/vendeur/professeur/secrétaire.
Il/Elle	travaille	dans un restaurant/un hôpital/un bureau.
Il/Elle	ne travaille pas.	Il/Elle est au chômage.

Mini-test

I can …

- give details about myself
- ask someone questions about him/herself
- say what members of my family like and do
- say what job people do

4 Où habitent-ils?

Talking about where people live
Using *depuis*

écouter 1 **Où habitent-ils? Écris le nom de la ville. (1–8)**
Where do they live? Write the name of the town.

Exemple: **1** Gairloch

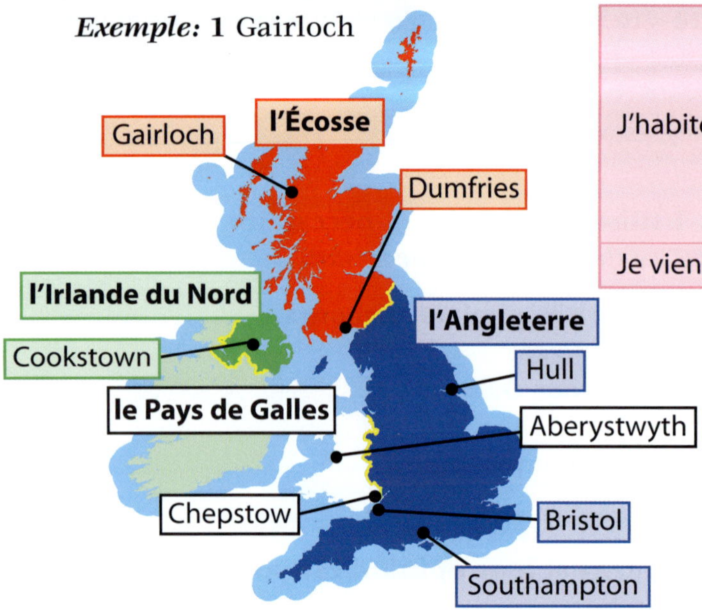

J'habite dans	le nord le sud l'est l'ouest le centre	de	l'Angleterre. l'Écosse. l'Irlande du Nord.
		du	Pays de Galles.
Je viens de	Manchester.		

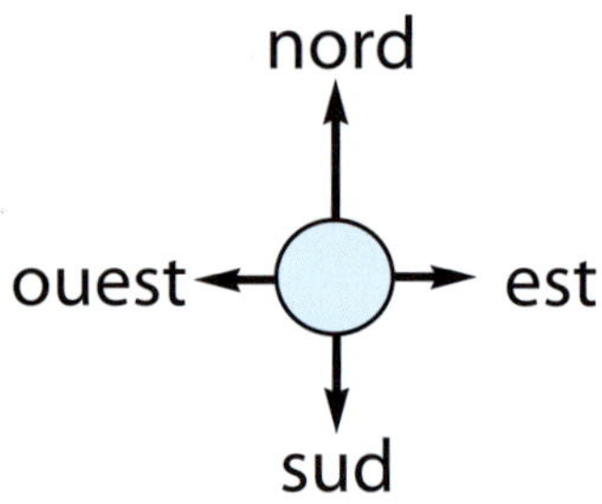

lire 2 **Copie et complète la grille.**
Copy and complete the table.

Prénom	Habite	Depuis	Vient de

J'habite dans un appartement dans le centre de Paris. J'habite à Paris depuis quatre ans, mais je viens de Lille. **Philippe**

J'habite dans le centre de Chamonix, une ville dans l'est de la France. J'habite à Chamonix depuis vingt-cinq ans, mais je viens de Lyon. **Annette**

Moi, j'ai un appartement à Bordeaux, une grande ville dans le sud-ouest de la France. J'habite à Bordeaux depuis six mois, mais je viens de Manchester en Angleterre. **Trevor**

J'habite à Londres avec ma famille, mais je viens de Lille dans le nord de la France. J'habite à Londres depuis dix ans. **Monique**

Expo-langue ▶ **Grammaire 4.4**

Depuis is used to say how long something has been happening.
It is used with the present tense.

Exemple:
J'**habite** à Paris **depuis** quatre ans. = I *have lived* in Paris *for* four years.

parler **3** **En groupes. Copie la grille. Interviewe quatre personnes et note leurs réponses.**
In groups. Copy the table. Interview four people and write down their answers.

- ■ Comment t'appelles-tu?
- ● Je m'appelle **Adam.**
- ■ Où habites-tu?
- ● J'habite à **Grantham** dans **le centre de l'Angleterre.**
- ■ Depuis quand?
- ● Depuis **onze ans.**
- ■ Tu viens d'où?
- ● Je viens de **Leicester.**

	Prénom	Habite	Depuis	Vient de
1				
2				

écouter **4** **Écoute et complète les phrases sur ce footballeur.**
Listen and complete the sentences about this footballer.

1. Il vient de ▬.
2. Ses parents viennent de ▬.
3. Il habite à ▬.
4. Il habite ici depuis ▬.
5. Il joue pour Chelsea depuis ▬.

écrire **5** **Écris un paragraphe sur ces personnes.**
Write a paragraph about these people.

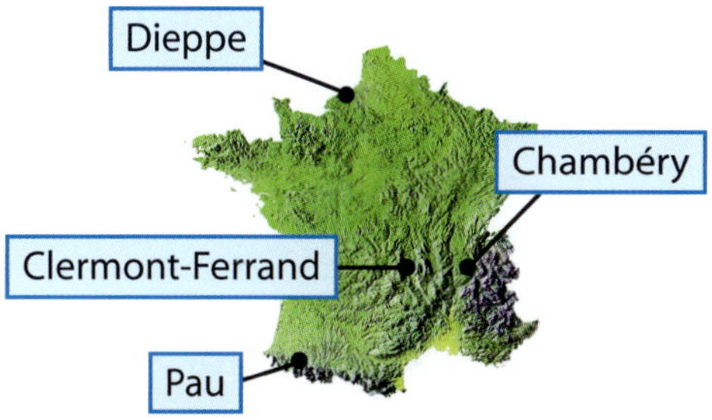

Exemple:

Je m'appelle Laure et j'habite à Pau dans le sud de la France. J'habite à Pau depuis six mois, mais je viens de Paris.

Prénom:	Laure
Habite:	Pau
Depuis:	6 mois
Vient de:	Paris

Prénom:	Sharon
Habite:	Dieppe
Depuis:	8 mois
Vient de:	Londres

Prénom:	Raoul
Habite:	Clermont-Ferrand
Depuis:	21 ans
Vient de:	Sousse

Prénom:	Christophe
Habite:	Chambéry
Depuis:	15 ans
Vient de:	Lyon

lire **6** **Es-tu fort(e) en géographie? Complète les phrases.**
Are you good at geography? Complete the sentences.

1. Marseille est dans le ▬ de la France.
2. Newcastle est dans le ▬ de l'Angleterre.
3. Belfast est dans l'est de l'▬ du Nord.
4. ▬ est dans l'ouest de l'Angleterre.
5. John O'Groats est dans le ▬ de l'▬.
6. ▬ est dans le ▬ du Pays de Galles.

5 Quel temps fait-il? Describing the weather Using the pronoun *on*

écouter 1 **Quel temps fait-il? (1–8)**
What's the weather like?
Exemple: **1** c

a

Il fait chaud.

b

Il fait froid.

c

Il y a du soleil.

d

Il y a du vent.

e

Il y a du brouillard.

f

Il y a des orages.

g

Il pleut.

h

Il neige.

parler 2 **À deux. Un(e) partenaire ferme son livre.**
In pairs. One partner closes his/her book.

Exemple:

- ■ **d:** Quel temps fait-il?
- ● Il pleut?
- ■ Non!
- ● Il y a du vent?
- ■ Oui!

écrire 3 **Le temps. Copie et complète.**
The weather. Copy and complete.

1 Il y a du _ _ _ _.
2 Il y a des _ _ _ _ _ _.
3 Il _ e _ _ _.
4 Il fait _ _ o _ _.
5 Il _ _ e _ _.
6 Il y a du _ _ _ _ _ _ _ _ _ _.
7 Il fait _ _ a _ _.
8 Il y a du _ _ _ _ _ _.

écouter 4 **Répète aussi vite que possible.**
Repeat as quickly as possible.

The letter **i** makes an 'ee' sound, so **il** sounds like *eel*!

Si six cents scies scient six cents saucisses,
six cent six scies scieront six cent six saucissons.

lire 5

Mets les mots dans le bon ordre. Relie les images et les phrases.
Put the words in the right order. Match the pictures and the sentences.

1  2  3  4  5  6 

a fait skate du on
b vélo du fait on
c aux on joue cartes
d on télé la regarde
e cinéma on va au
f va on café au

Expo-langue ▶ Grammaire 1.6

On means *we* (or *one*). The verb form is the same as for **il** and **elle.**
Exemple:
On **fait** du vélo.

écouter 6

Copie et complète. (1–5)
Copy and complete.

	Région	Temps	Activité
1	*sud*	*soleil*	*vélo*
2			

Expo-langue ▶ Grammaire 4.3

quand = when
Exemple: Quand il fait beau …
si = if (shortens to **s'** before a vowel)
Exemple: S'il pleut …

parler 7

À deux. En secret, note un temps de l'exercice 1 et une activité de l'exercice 5. Ton/Ta partenaire trouve le temps et l'activité.
In pairs. In secret, write down a type of weather from Exercise 1 and an activity from Exercise 5. Your partner finds the weather and the activity.

Exemple: g, 1

■ Quand il **pleut**, on **va au café?**
● Non!
■ Quand il **pleut**, on **va au cinéma?**
● Oui!

Expo-langue ▶ Grammaire 3.5

aller = to go

je vais	I am going/I go
tu vas	you are going/you go
il/elle va	he/she is going/he/she goes
on va	we are going/we go

écrire 8

Remplace les symboles par des mots.
Replace the symbols with words.

Exemple: **1** Quand il y a du soleil, on fait du skate.

1 Quand il y a du soleil, on  .

2 Quand  , on regarde la télé.

3 S'  , on  .

4 Quand  , on  .

5 Quand  , on  .

6 S'  , on  .

Module 1 *Bilan*

Unité 1

I can

■ give details about myself	*Je m'appelle ... J'ai treize ans. Je suis actif.*
■ ask someone questions about him/herself	*Comment t'appelles-tu? Quel âge as-tu? Tu es comment?*
G use the pronouns *je* and *tu*	*je suis, tu es*
G tell the difference between *j'ai* and *je suis*	*J'ai un chien. Je suis timide.*

Unité 2

I can

■ name the members of my family	*mon père, ma belle-mère*
■ say what members of my family like and do	*Elle aime le tennis. Il joue de la guitare.*
G use the pronouns *il* and *elle*	*Il aime le tennis. Elle aime le foot.*
G use *-er* verbs	*je joue, tu joues, il joue*
pronounce the *-er* verb endings	*travaill**er**/travaille*

Unité 3

I can

■ understand the names of different jobs	*ouvrier, coiffeur, secrétaire*
■ say what job someone does and where (s)he works	*Il est professeur. Elle travaille dans un bureau.*
G use male and female job names	*serveur/serveuse, mécanicien/mécanicienne*
G use the verb *être*	*je suis, tu es, il est*

Unité 4

I can

■ say where in the UK I live	*J'habite dans le nord de l'Angleterre.*
■ say how long I've lived in my town	*J'habite à Darlington depuis deux ans.*
G use the verb *avoir*	*j'ai, tu as, il a*
G use *depuis*	*J'habite ici depuis six mois.*

Unité 5

I can

■ describe the weather	*Il fait chaud. Il y a des orages.*
■ say what we do in different weather	*Quand il fait chaud, on va au parc.*
G use the pronoun *on*	*on fait, on va*
G join sentences using *quand* and *si*	*Quand il fait froid, on fait du ski. S'il fait chaud, on va au parc.*
pronounce the letter *i*	*il, six, si*

écouter **1** **Quel temps fait-il?(1–5)**
What's the weather like?

Exemple: **1** b

parler **2** **À deux. Prépare une conversation. Invente les détails.**
In pairs. Prepare a conversation. Invent the details.

- ■ Où habites-tu?
- ● J'habite ...
- ■ Ton père/beau-père/frère travaille?
- ● Oui/non, il est ...
- ■ Et ta mère/belle-mère/sœur?
- ● Oui/non, elle est ...

lire **3** **Lis le texte. Vrai ou faux?**
Read the text. True or false?

1 Lulu a quinze ans.
2 Elle habite dans le nord de l'Angleterre.
3 Elle habite à Paris depuis deux ans.
4 Sa sœur est secrétaire.
5 Son demi-frère est serveur.
6 Son beau-père travaille dans un hôpital.
7 Sa mère est au chômage.
8 Son père ne travaille pas.

Je m'appelle Lulu et j'ai 14 ans. J'habite dans le nord de Paris depuis deux ans. Ma sœur travaille dans un bureau à Paris. Elle est secrétaire. Mon frère est serveur dans un café, et mon beau-père est infirmier dans un hôpital. Ma mère est professeur, mais mon père est au chômage.

écrire **4** **Remplace les symboles.**
Replace the symbols.

1 Quand , on .

2 S', on .

3 Quand  on .

4 S', on .

Les petites annonces

1 (lire) **Lis les textes. Trouve un(e) correspondant(e) pour chaque personne.**
Read the texts. Find a penpal for each person.

Les Petites Annonces Correspondants

Je m'appelle Alice et j'aime beaucoup lire mais surtout écrire. Je suis une grande fan de Jenifer et j'adore l'actrice Juliette Binoche. Mes parents viennent de Suisse, mais on habite en France depuis huit mois. Je suis assez petite aux cheveux blonds et aux yeux verts. Si tu n'as rien à faire, prends un stylo et un papier et écris-moi tout de suite! Alice, Marmande

Bonjour à tous, je m'appelle Jonathan. J'ai treize ans et je voudrais correspondre avec des filles âgées de 12 à 14 ans. Je suis un garçon sportif et actif. Le foot, c'est ma passion. Je collectionne des posters de RC Lens, c'est mon équipe préférée. Mon père travaille au stade et ma mère est réceptionniste. Écris-moi. Une photo serait appréciée. À bientôt! Jonathan, St Omer

Salut, les mecs! Je suis une fille dynamique et sportive qui a le sens de l'humour. J'aime le ski et la natation, et je collectionne les porte-clés. Je viens de Lyon, mais on habite à Nice depuis trois ans car mon papa travaille dans un restaurant ici. J'ai les yeux bleus et les cheveux bruns, et toi? J'attends ta lettre avec impatience. Manon, Nice

Coucou, tu cherches un correspondant cool qui aime écouter de la musique et faire du skate? J'écoute du rock, comme Metallica, du punk et de la musique pop. J'ai les cheveux noirs et les yeux marron. J'habite dans le nord-est de la France depuis deux ans et je m'ennuie ... écris-moi! Ludo, Strasbourg

Prénom: Alexine
Âge: 14 ans
Parents: belle-mère (secrétaire), père (plombier)
Aime: le sport

Prénom: Stéphanie
Âge: 15 ans
Parents: beau-père (ouvrier), mère (vendeuse)
Aime: le sport, rire

Prénom: Jacob
Âge: 13 ans
Parents: mère (femme de ménage), père (ingénieur)
Aime: la poésie, les livres, le cinéma

Prénom: Patrice
Âge: 14 ans
Parents: mère (programmeuse d'ordinateur), père (coiffeur)
Aime: la musique, le skate

2 (écouter) **Qui parle? (1–4)**
Who's talking?

Exemple: **1** Jacob

parler **3** **À deux. Invente une conversation entre deux correspondant(e)s de l'exercice 1.**
In pairs. Invent a conversation between two penpals from Exercise 1.

Exemple:

- Comment t'appelles-tu?
- Quel âge as-tu?
- Tes parents travaillent?
- Qu'est-ce que tu aimes?

écrire **4** **Écris une réponse au correspondant/à la correspondante de ton choix.**
Write a reply to the penpal of your choice.

écrire **5** **Tu cherches un(e) correspondant(e). Écris une petite annonce.**
You're looking for a penpal. Write an advertisement.

lire **6** **En groupes. Lis et choisis la bonne réponse.**
In groups. Read and choose the right answer.

était = was

Que sais-tu sur les Français célèbres? Choisis la bonne réponse pour chaque personne.

1 Gérard Depardieu est

a acteur dans des films au cinéma et à la télévision.
b chef de cuisine.
c l'architecte de la Tour Eiffel.

2 Charles de Gaulle était

a le Président de la France.
b pilote chez Air France.
c l'auteur des livres «Astérix».

3 Jenifer est

a chanteuse d'opéra.
b chanteuse de musique pop.
c femme politique.

4 Claude Monet était

a photographe.
b fleuriste.
c peintre.

5 Zinédine Zidane est

a joueur de tennis.
b scientifique.
c joueur de foot.

6 Jeanne d'Arc a

a défendu la France contre l'Angleterre.
b voyagé de France en Amérique.
c construit le Château de Versailles.

Comment dit-on …?

Some words have different meanings according to the context in which they are used. *Faire* is a good example of this.

écrire **1** **Écris un verbe pour faire la phrase française.**
Write a verb to make the French sentence.

1 Il ▬ beau. = The weather **is** nice.
2 Il ▬ du vélo. = He **goes** cycling.
3 Il ▬ un gâteau. = He **makes** a cake.
4 Il ▬ ses devoirs. = He **does** his homework.

In English, when someone says 'I've got a frog in my throat', he doesn't really mean that there is a little green creature down there! He is using these words to say something else: that his voice feels croaky.

French works in the same way. Individual words can be put together into sentences which mean something quite different!

lire **2** **Relie le français et l'anglais.**
Match the French and the English.

1

2

3

4

5

6

a I've got a frog in my throat.
b It's none of my business.
c He gets up with the lark.
d It's raining cats and dogs.
e She calls a spade a spade.
f It's a storm in a teacup.

3 Lis, écoute et chante!
Read, listen and sing!

QUEL TEMPS FAIT-IL?

Quel temps fait-il
Aujourd'hui à Paris? (4x)

Il fait beau, beau, beau,
Bravo,
Il fait chaud!
Quel temps fait-il
Aujourd'hui à Bordeaux? (2x)

Il y a du brouillard,
Oh là là,
Il fait froid:

Il y a du vent,
Il neige un peu,
Oh là là,
Et il pleut.
Quel temps fait-il
Aujourd'hui à Paris?

Il fait beau, beau, beau,
Bravo,
Il fait chaud!
Quel temps fait-il
Aujourd'hui à Bordeaux? (2x)

Il y a du brouillard,
Oh là là,
Il fait froid.

Il y a du vent,
Il neige un peu,
Oh là là,
Et il pleut.
Quel temps fait-il
Aujourd'hui à Paris?

Il fait beau, beau, beau,
Bravo,
Il fait chaud!
Quel temps fait-il
Aujourd'hui à Bordeaux? (2x)

Détails personnels — *Personal details*

Je m'appelle ...	*I'm called ...*
J'habite à ...	*I live in ...*
J'ai ... ans.	*I'm ... years old.*
j'ai	*I have*
je suis	*I am*
j'adore	*I love*
je déteste	*I hate*
Comment t'appelles-tu?	*What are you called?*
Où habites-tu?	*Where do you live?*
Quel âge as-tu?	*How old are you?*
Tu as ...?	*Do you have ...?*
Tu es ...?	*Are you ...?*
Tu es comment?	*What are you like?*
Décris ...	*Describe ...*
Tu aimes ...?	*Do you like ...?*

Les descriptions — *Descriptions*

Je suis ...	*I am ...*
grand(e)	*big, tall*
petit(e)	*small*
J'ai ...	*I have ...*
les cheveux blonds	*blonde hair*
les cheveux bruns	*brown hair*
les cheveux noirs	*black hair*
les cheveux roux	*red hair*
les yeux bleus	*blue eyes*
les yeux gris	*grey eyes*
les yeux marron	*brown eyes*
les yeux verts	*green eyes*

Tu es comment? — *What are you like?*

Je suis ...	*I am ...*
actif (active)	*lively*
amusant(e)	*funny*
intelligent(e)	*intelligent*
paresseux (paresseuse)	*lazy*
sportif (sportive)	*sporty*
sympa	*kind*
timide	*shy*

Les verbes en *-er* — *-er verbs*

adorer	*to love*
aimer	*to like*
détester	*to hate*
collectionner	*to collect*
écouter	*to listen to*
habiter	*to live*
jouer	*to play*
manger	*to eat*
regarder	*to look at, watch*
travailler	*to work*

Ma famille — *My family*

mon beau-père	*my stepfather*
ma belle-mère	*my stepmother*
mon demi-frère	*my stepbrother*
ma demi-sœur	*my stepsister*
mon frère	*my brother*
maman	*Mum*
ma mère	*my mother*
papa	*Dad*
mon père	*my father*
ma sœur	*my sister*
divorcé(e)(s)	*divorced*

Les pronoms — *Pronouns*

je	*I*
tu	*you*
il	*he, it*
elle	*she, it*
on	*we, one*

Les métiers — *Jobs*

Il/Elle est ...	*He/She is ...*
coiffeur (coiffeuse)	*a hairdresser*
électricien (électricienne)	*an electrician*
infirmier (infirmière)	*a nurse*
mécanicien (mécanicienne)	*a mechanic*
ouvrier (ouvrière)	*a factory worker, labourer*
professeur	*a teacher*
secrétaire	*a secretary*
serveur (serveuse)	*a waiter/waitress*

vendeur (vendeuse)	*a shop assistant*
il/elle travaille dans …	*he/she works in …*
un bureau	*an office*
un hôpital	*a hospital*
un restaurant	*a restaurant*
Il/Elle ne travaille pas.	*He/She doesn't work.*
Il/Elle est au chômage.	*He/She is unemployed.*

Où?	***Where?***
J'habite dans …	*I live in …*
le nord	*the north*
le sud	*the south*
l'est	*the east*
l'ouest	*the west*
le centre	*the centre*
de	*of*
l'Angleterre	*England*
l'Écosse	*Scotland*
l'Irlande du Nord	*Northern Ireland*
le Pays de Galles	*Wales*
Tu viens d'où?	*Where do you come from?*
Je viens de Manchester	*I come from Manchester*
Il/Elle vient de …	*He/She comes from …*
depuis	*for, since*
ici	*here*
J'habite ici depuis dix ans.	*I've lived here for 10 years.*
un an	*a year*
un mois	*a month*

Quel temps fait-il?	***What's the weather like?***
Il fait chaud.	*It's hot.*
Il fait froid.	*It's cold.*
Il y a du vent.	*It's windy.*
Il y a du brouillard.	*It's foggy.*
Il y a du soleil.	*It's sunny.*
Il y a des orages.	*It's stormy.*
Il neige.	*It's snowing.*
Il pleut.	*It's raining.*

Les activités	***Activities***
On fait du skate.	*We go skateboarding.*
On fait du vélo.	*We go cycling.*
On joue aux cartes.	*We play cards.*
On regarde la télé.	*We watch TV.*
On va au café.	*We go to the café.*
On va au cinéma.	*We go to the cinema.*

Les conjonctions de coordination	***Connectives***
et	*and*
mais	*but*
quand	*when*

Adverbes	***Adverbs***
si	*if*
surtout	*especially*

Stratégie 1

Improving your pronunciation

One way of improving your French pronunciation is to listen to famous French people speaking English. They often use French sounds when they're speaking English. They use French intonation, too. Intonation is the way the voice goes up and down when you string words together.

Can you imitate a French person speaking English? Why not speak English in a French accent to your teacher? Keep it up for a whole lesson. If this really gets on their nerves, try speaking French with the same accent. Your teacher can't complain about that!

Turn to page 155 to remind yourself of the *Stratégies* you learnt in *Expo 1*.

2 Temps libre

1 Le week-end

Talking about what you like doing
Using *j'aime* + the infinitive

écouter 1 **Écoute et mets les images dans le bon ordre. (1–8)**

J'aime …

a faire du vélo
b regarder la télévision
c faire du skate
d aller en ville
e retrouver mes amis
f nager
g lire
h jouer à l'ordinateur

parler 2 **À deux. Choisis une activité en secret. Devine l'activité de ton/ta partenaire.**

Exemple:
■ Tu aimes **faire du skate?**
● Non.
■ Tu aimes **jouer à l'ordinateur?**
● Oui.

Expo-langue ➧ Grammaire 3.1
The infinitive is the part of the verb you find in a dictionary. It is usually used after other verbs, such as **j'aime** (= I like).
Exemple:
J'aime **regarder** la télévision.
I like watching/to watch TV.
Je n'aime pas **aller** en ville.
I don't like going/to go into town.

parler 3 **À deux. Fais des conversations.**

Exemple: 1 ■ Tu aimes **écouter de la musique**, Nabila?
● Oui, j'aime **écouter de la musique**.

1 Nabila ☺ 

2 Jamal ☺ 

3 Fabien ☺ 

4 Clarissa ☹ 

5 Mélanie ☹ 

6 Thierry ☹ 

lire 4 **Vrai ou faux?**

1 Mélanie aime faire du vélo.
2 Thierry n'aime pas aller en ville.
3 Nabila aime écouter de la musique.
4 Jamal n'aime pas regarder la télévision.
5 Clarissa aime lire.
6 Fabien aime jouer à l'ordinateur.

lire **5** **Lis les textes et regarde les images. C'est Damien ou Alexandre? Écris «D» (pour Damien) ou «A» (pour Alexandre). (1–8)**

1

2

3

4

Moi, le week-end, j'adore jouer au foot et retrouver mes copains en ville. J'aime aussi nager. Je suis membre d'un club de natation. Je n'aime pas jouer à l'ordinateur parce que je préfère jouer à la Playstation 2 – c'est ma passion! Et toi? Qu'est-ce que tu aimes faire le week-end?

Damien

Le week-end, j'aime lire. La lecture, c'est ma passion, surtout les livres de JRR Tolkien. Je n'aime pas regarder la télévision, mais j'aime aller au cinéma et voir des films de science-fiction. J'aime aussi collectionner les cartes postales. Et toi? Qu'est-ce que tu aimes faire le week-end?

Alexandre

5

6

7

8

lire **6** **Choisis le verbe pour chaque phrase.**

Exemple: **1** Damien aime jouer à la Playstation 2.

1. Damien aime ▬ la Playstation 2.
2. Damien n'aime pas ▬ à l'ordinateur.
3. Alexandre n'aime pas ▬ la télévision.
4. Alexandre aime ▬ des films de science-fiction.
5. Alexandre aime ▬ les cartes postales.
6. Alexandre aime ▬ les livres de Tolkien.

regarder
jouer
lire
collectionner
voir
jouer

écouter **7** **Écoute et vérifie.**

écrire **8** **Et toi? Qu'est-ce que tu aimes faire le week-end? Qu'est-ce que tu n'aimes pas faire? Écris quatre phrases.**

2 Que fais-tu comme sport? Talking about what sports you do
Using *je joue* and *je fais*

écouter 1 **Écoute. Regarde les images. Qui parle? (1–5)**

Exemple: **1** Kévin

Sana

Je joue au volley et
je fais du ski.

Éric

Je joue au tennis et
je fais de la voile.

Kévin

Je joue au hockey
sur glace et
je fais du canoë.

Roxanne

Je joue au basket et
je fais de la danse.

Farid

Je joue au badminton et
je fais de l'escalade.

parler 2 **À deux. Choisis une phrase. Ton/Ta partenaire devine qui tu es.**

Exemple:

- ■ Je joue **au tennis**.
- ● Tu es **Éric**.
- ■ Oui, c'est bon. / C'est ça! / Voilà!

Expo-langue ▶ Grammaire 4.1

jouer à = to play (a sport or game)

Exemple:

Je joue au volley. = I play volleyball.

Expo-langue ▶ Grammaire 4.1

faire de = to do (a sport)

Exemple:

Je fais du canoë. = I go canoeing.
Je fais de la danse. = I go dancing. ('I do dancing.')
Je fais de l'escalade. = I go climbing. ('I do climbing.')

lire 3 Lis le texte de Jérôme et choisis les bons mots pour compléter chaque phrase.

Je joue au foot en hiver et au tennis en été.
En hiver, je joue au foot tous les lundis et les jeudis.
En été, je joue au tennis le lundi et le jeudi aussi.
Je joue au golf tous les dimanches avec mon père.
Je joue au volley en équipe le vendredi soir.
Je suis aussi membre d'une équipe de basket. Je joue le samedi. L'entraînement est le mercredi de 5h à 6h.
Et le mardi? Je ne fais pas de sport. Je joue à l'ordinateur! **Jérôme**

1. En hiver, Jérôme joue au foot tous *les lundis/les mardis.*
2. Il joue au golf avec *son frère/son père.*
3. Il joue au *volley/tennis* en équipe.
4. *L'entraînement/Le match* de basket est le mercredi.
5. Le mardi il ne fait pas de sport, il joue *à l'ordinateur/aux cartes.*

écrire 4 Invente ton programme sportif. Écris le programme et cinq phrases.

Exemple:
Le vendredi soir, je joue au badminton.

écouter 5 Écoute. C'est quelle image? (1–5)

a 

b 

c 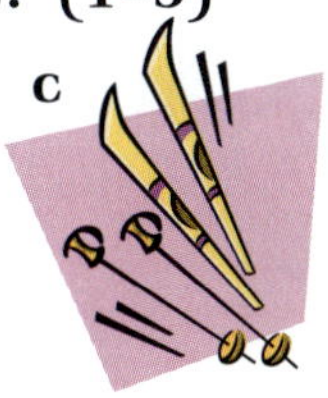

d 

e 

parler 6 À deux. Fais des conversations.

Exemple: 1
■ Que fais-tu comme sport?
● Je fais du canoë et je joue au tennis.

Je fais	du canoë du ski de la danse de l'escalade de la voile
Je joue	à l'ordinateur au badminton au basket/au foot/au golf au hockey sur glace au tennis/au volley

1 

2 

3 

4 

5 

écrire 7 Écris les conversations de l'exercice 6.

3 Micro-trottoir

Talking about what you do with your friends
Using the pronoun *nous*

a Nous faisons du karting.

b Nous faisons du skate.

c Nous regardons la télé.

d Nous jouons aux jeux vidéo.

e Nous allons à la pêche.

f Nous jouons au basket.

écouter **1** **Écoute. Note le prénom et l'activité. (1–6)**

Exemple: **1** Clément, d

Mélissa Thomas Noémie Clément Élise Nicolas

parler **2** **À tour de rôle. Qu'est-ce que vous faites?**

Take turns. What are you doing?

Exemple: **a** Nous jouons au basket.

a

b

c

d

e

f

Expo-langue ▶ Grammaire 3.3–3.5

nous = **we**

The **nous** form of most verbs ends in **-ons**.

Exemple: nous jou**ons** = we play
nous regard**ons** = we watch
nous all**ons** = we go
nous fais**ons** = we do/make

lire **3** **Regarde les images de l'exercice 1. Lis les textes et note l'image/les images pour chaque personne.**

Look at the pictures in Exercise 1. Read the texts and note the picture(s) for each person.

Exemple: Julien, d

Normalement quand j'ai du temps libre, je vais chez mon copain Sam et nous jouons aux jeux vidéo. S'il fait beau, nous jouons au tennis ou nous faisons de la natation. ***Julien***

Moi, je vais chez une copine. Nous regardons la télé ou un DVD. Quelquefois, nous faisons nos devoirs ensemble et nous écoutons de la musique. Le week-end, nous allons en ville. ***Manon***

Le samedi, je téléphone à des copains et nous faisons du skate ou nous jouons au basket ensemble. Quelquefois, le dimanche, nous faisons du karting. C'est génial! Mon père et moi, nous allons à la pêche de temps en temps. ***Raphaël*** lire **4** **Lis le questionnaire et les phrases. Vrai ou faux?**

Questionnaire sur le temps libre

Que fais-tu avec les copains?

Indique aussi la fréquence.

1 toujours **2** souvent **3** de temps en temps **4** rarement

jouer au tennis	de temps en temps
faire de la natation	souvent
jouer aux jeux vidéo	toujours
acheter des vêtements cool	souvent
acheter des cadeaux	rarement
envoyer des textos	toujours

Mes copains et moi, ...

1 nous faisons souvent de la natation.
2 nous achetons rarement des vêtements cool.
3 nous jouons toujours aux jeux vidéo.
4 nous jouons rarement au tennis.
5 nous achetons des cadeaux de temps en temps.

toujours = always
souvent = often
de temps en temps = from time to time
rarement = hardly ever

écrire **5** **Corrige les phrases de l'exercice 4 qui sont fausses.**

écouter **6** **Qu'est-ce qu'ils font le week-end? Copie et remplis la grille. (1–3)**

	a 	b 	c 	d 	e 	f 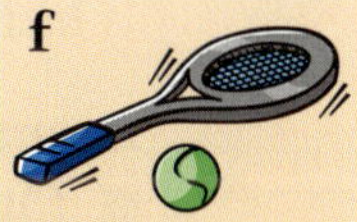
Marie-Claire				✓		
Jean-Claude						
Matthieu						

écrire **7** **Qu'est-ce qu'ils font le week-end? Écris les réponses de Marie-Claire, Jean-Claude et Matthieu.**

Exemple:
Marie-Claire: Le week-end, nous allons en ville et ...

Mini-test

I can ...

- talk about things I like doing in my spare time
- talk about sports using *je fais* and *je joue*
- understand people talking about sports and activities
- use *nous* to mean 'we'
- understand time phrases like *le dimanche, souvent*

4 La télé Talking about TV programmes you have watched The perfect tense with *regarder*

a

une série

b

un dessin animé

c

les informations

d

un documentaire

e

une série policière

f

un jeu télévisé

écouter 1 **Ils ont regardé quelle émission? C'était à quelle heure? (1–6)**

	émission	heure
1	*b*	*18h30*

parler 2 **Qu'est-ce que tu as regardé hier soir? Demande à cinq personnes.**
What did you watch last night? Ask five people.

Exemple:
- Qu'est-ce que tu as regardé hier soir, Ben?
- Hier soir, j'ai regardé *EastEnders*.

Ben: EastEnders

Expo-langue ▶ Grammaire 5.6

The 24-hour clock

cinq heures trente = 5h30
dix-sept heures quarante-cinq = 17h45
vingt heures cinquante= 20h50

You need to know numbers 1–23 for the hours and 1–59 for the minutes.

Expo-langue ▶ Grammaire 3.11

The perfect tense (*le passé composé*)
To form the perfect tense of most verbs, you use the verb **avoir** (to have) with the past participle. For the past participle of an **-er** verb, take the infinitive, remove the **-er** and replace it with **-é**.

regarder → regardé
j'ai regardé = I've watched / I watched
tu as regardé = you have watched / you watched
il a regardé = he has watched / he watched

écouter **3** **Répète cinq fois en dix secondes.**
Repeat five times in ten seconds.

Hier soir, j'ai regardé une série dans ma chambre.

The **r** sound is made at the back of your throat.

écouter **4** **C'était comment? Choisis la bonne image. (1–8)**
What was it like? Choose the right picture.

Exemple: **1** b

a **passionnant**

b **marrant**

c **intéressant**

d **bien**

e **pas mal**

f **ennuyeux**

g **affreux**

h **nul**

Ce n'était pas mal. = It wasn't bad.

lire **5** **Relie les questions et les réponses.**

1 *Qu'est-ce que tu as regardé hier soir?*

2 *C'était comment?*

3 *C'était à quelle heure?*

a *C'était à 19h30.*

b *Hier soir, j'ai regardé* EastEnders.

c *Ce n'était pas mal.*

parler **6** **Sondage. Pose les questions de l'exercice 5 à quatre personnes. Note le prénom de ton/ta camarade et ses réponses.**

écrire **7** **Écris cinq phrases.**

Hier soir, j'ai regardé ▬ à ▬ . C'était ▬ .
Hier soir, (Ben) a regardé ▬ à ▬ . C'était ▬ .

5 Le week-end dernier

Saying what you and your friends did
The perfect tense with more *-er* verbs

écouter **1** **C'est quelle image? (1–7)**

a

J'ai téléphoné à ma grand-mère.

b

J'ai regardé la télé.

c

J'ai dansé et chanté avec une copine.

d

J'ai beaucoup travaillé au collège.

e

J'ai acheté un CD.

f

J'ai mangé une pizza.

g

J'ai nagé pendant deux heures.

parler **2** **À tour de rôle. Qu'est-ce que tu as fait hier?**

Exemple: Hier, j'ai acheté …

Expo-langue ▶ Grammaire 3.11

Past participles of **-er** verbs end in **-é**.

Remove **-er** and add **-é**.
j'ai regardé = I watched
j'ai acheté = I bought
j'ai chanté = I sang
j'ai travaillé = I worked
j'ai mangé = I ate

The **é** ('e acute') at the end of a verb is always pronounced 'ay'.
It is called the past participle.

écouter **3** **Choisis «a» ou «b».**

1 **a** nage **b** nagé
2 **a** travaille **b** travaillé
3 **a** invite **b** invité
4 **a** mange **b** mangé
5 **a** danse **b** dansé
6 **a** chante **b** chanté
7 **a** achète **b** acheté
8 **a** téléphone **b** téléphoné

écouter **4** **Écoute et répète.**

lire 5 À deux. Lis le texte et trouve les mots qui manquent.

invité mangé joué joué travaillé
parlé téléphoné regardé chanté acheté

Le week-end dernier, j'ai (**1**) ___ de la guitare. J'ai beaucoup (**2**) ___ au collège. Puis j'ai (**3**) ___ plein de choses en ville. Le soir, j'ai (**4**) ___ cinq copains chez moi. Nous avons (**5**) ___ des pizzas, (**6**) ___ un DVD et (**7**) ___ à la console. Nous avons dansé et (**8**) ___ aussi. C'était super marrant! Dimanche, j'ai (**9**) ___ à ma grand-mère. Nous avons (**10**) ___ pendant une heure!

lire 6 C'est quelle image?

1. Tu as mangé un DVD?
2. Tu as nagé dans le magasin de musique?
3. Tu as joué au foot avec ta grand-mère?
4. Tu as mangé des frites au collège?
5. Tu as joué aux cartes avec ton chien?

a

b

c

d

e

écrire 7 Complète les phrases.

1. Non, je n'ai pas mangé de DVD. J'ai mangé ___.
2. Non, je n'ai pas nagé dans le ___. J'ai nagé dans la ___.
3. Non, je n'ai pas joué au foot avec ___. J'ai joué ___.
4. Non, je n'ai pas mangé de frites au ___. J'ai mangé ___.
5. Non, je n'ai pas joué aux cartes avec ___. J'ai ___.

Expo-langue ▶ Grammaire 3.11

To make a perfect tense into the negative, you put **ne ... pas** round the **avoir** part of the verb.
J'ai mangé une pizza.
Je **n'**ai **pas** mangé de DVD!

Module 2 *Bilan*

Unité 1

I can

■ talk about what I like doing	*J'aime jouer au foot.*
G use *j'aime* and *je n'aime pas*	*Je n'aime pas nager.*
G understand how to use the infinitive	*J'aime regarder la télé, lire des BD.*

Unité 2

I can

■ talk about sports I do	*Je joue au rugby.*
■ understand other people talking about sports they do	*Mon père joue au golf.*
G use *je joue* and *je fais*	*Je joue au tennis, je fais du judo.*
G use time phrases	*en hiver, en été* *le lundi* *Le lundi, je joue au foot.* *le samedi matin, l'après-midi, le soir*

Unité 3

I can

■ understand people talking about their spare time	*Nous regardons la télé.*
■ talk about activities I do with my friends	*Nous jouons au basket.*
G use the *-ons* ending for *nous*	*Nous regardons la télé.*
G use the *nous* form of *faire* (*faisons*)	*Nous faisons du ski.*

Unité 4

I can

■ talk about types of TV programmes	*un dessin animé, une série*
■ say what I watched last night	*Hier soir, j'ai regardé ...*
■ give opinions about TV programmes	*C'était passionnant. C'était marrant.*
G use the perfect tense with a simple *-er* verb	*j'ai regardé*
say the *r* sound	*Hier soir, j'ai regardé une série.*

Unité 5

I can

■ say what I have done recently	*J'ai regardé la télé.*
■ spot negative sentences in the perfect tense	*Je n'ai pas joué au foot.*
G use simple *-er* verbs in the perfect tense with *je*	*j'ai téléphoné, j'ai préparé*
G recognise past participles	*joué, mangé, nagé, acheté*
pronounce words ending in *-é*	*travaillé, acheté*

1 (écouter) Qu'est-ce qu'ils aiment faire? Choisis la bonne image. (1–7)

Exemple: 1 e

a

b

c

d

e
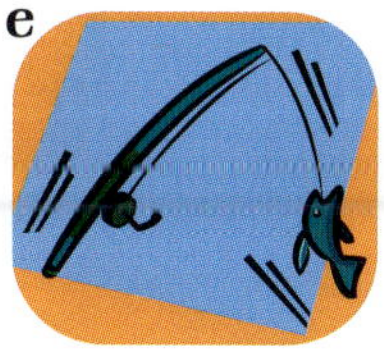
f

g

2 (parler) Et toi? Regarde les images de l'exercice 1. Qu'est-ce que tu aimes ☺ et qu'est-ce que tu n'aimes pas ☹?

faire | jouer | manger | nager | lire | aller | regarder

3 (lire) Lis les textes et regarde les images. Qui est-ce? Annie ou Ricardo? Écris «A» (pour Annie) ou «R» (pour Ricardo).

Pendant mon temps libre, j'aime faire du skate ou jouer aux jeux vidéo. Je n'aime pas nager, mais ma sœur adore la natation. Elle est membre d'un club et elle nage trois fois par semaine. Le soir, normalement je regarde la télévision et je fais mes devoirs. Le samedi, je vais en ville avec mes copains, puis on va au fast-food ou au cinéma. Hier soir, j'ai regardé une série policière à la télé. C'était passionnant!

Ricardo

Moi, pendant mon temps libre, j'aime aller en ville et faire des achats (des petits trucs pour le collège: des crayons, des gommes, des cahiers, par exemple). Je n'aime pas rester à la maison et regarder la télévision. Le soir normalement, je vais chez une copine et on fait la cuisine ou on écoute de la musique. Le dimanche, je travaille avec mon père dans le garage. Il répare des voitures de sport. J'adore ça. Hier soir, j'ai joué au billard avec mon copain Jack. C'était vraiment super!

Annie

1

2

3
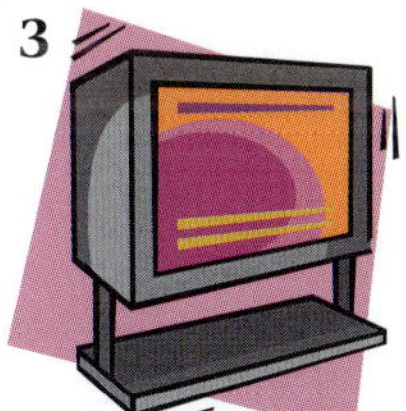
4

5

6

4 (écrire) Regarde le texte d'Annie. Écris les phrases.

1 aime j' en aller ville
2 n' je aime la télé pas regarder
3 j' le soir aime chez aller ma copine
4 aider le dimanche père j'aime mon
5 faire je aime n' pas devoirs mes
6 ai joué j' hier soir au billard

5 (écrire) Et toi? Écris un paragraphe.

La télévision en France

a

b

c

d

e

f

lire 1 C'est quelle image?

1 C'est une publicité pour une crème.
2 C'est un jeu télévisé. On peut gagner des euros.
3 C'est un dessin animé très populaire.
4 C'est une série comique américaine sur six amis.
5 On élimine les participants et on sélectionne un chanteur ou une chanteuse.
6 C'est une émission avec une carte de la France et des symboles pour la neige, la pluie, le soleil, etc.

écouter 2 Les sites Internet. Écoute et complète les adresses.

1 ■■■■://celeb-jongle.■■■.fr
2 ■■■■://noscopains.■■■■■■1.■■
3 www.■■■■■■■■■■■.fr
4 ■■■.■■ 4/jeux/■■/legagnant.fr
5 ■■■.sat5.fr/■■■■■■■■■/simson/■■■■.asp
6 ■■■.meribel-group.■■■

lire 3 Réponds aux questions en anglais. Discute avec ton/ta partenaire.

Star Academy Casting

Tu veux participer au casting de la sixième saison de *Star Academy?*
Tu as plus de 16 ans, tu es passionné(e) de musique?
Tu veux devenir une star, tu sais chanter, danser?
Tu es libre pendant quatre mois consécutifs entre l'été et la fin de l'année?

Tu dois envoyer une cassette vidéo où tu dis en moins d'une minute pourquoi tu veux participer et où tu chantes deux chansons de styles différents.
Tu dois aussi envoyer une lettre avec ton adresse, ton numéro de téléphone, ta situation scolaire ou professionnelle, ton âge et une photo.

1 How old must you be to audition?
2 Give three qualities that you must have.
3 When should you be free?
4 How many and what sort of songs should be on the video that you send in?
5 What else should be on the video that you send?
6 Apart from your job or school situation, what else should be in the letter?

lire **4** **Des conseils pour le casting de Star Academy. C'est quelle image?**
Advice for the Star Academy audition. Which picture is it?

tu ne dois pas ... = you shouldn't ...

Tu ne dois pas ...
1 être stressé(e).
2 bouder.
3 trop crier avant le casting.
4 être fatigué avant le casting.
5 être impatient.
6 être timide.

a

b

c
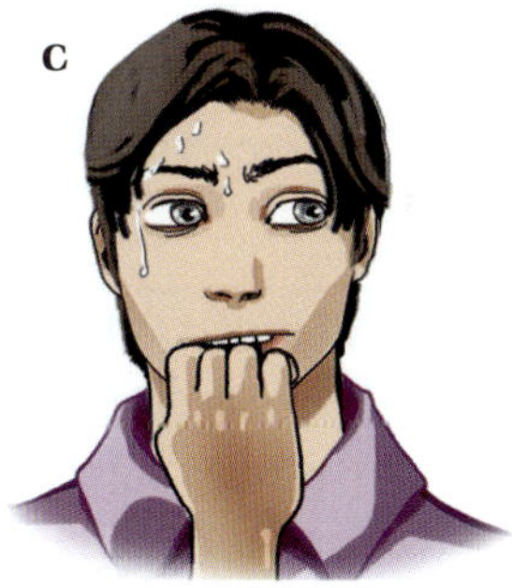
d

e

f

lire **5** **Relie les questions et les réponses.**

1 Quelle est ton émission préférée?
2 C'est quelle sorte d'émission?
3 Ça passe quand?
4 Qu'est-ce que tu as regardé hier soir?
5 C'était à quelle heure?
6 C'était comment?

a C'était vraiment fantastique.
b Hier soir, j'ai regardé *Minority Report*.
c C'est une comédie.
d Ça passe le mardi soir à 21h.
e C'était à 21h35.
f Mon émission préférée est *Mr Bean*.

parler **6** **À deux. Interviewe ton/ta partenaire. Utilise les questions de l'exercice 5.**

écrire **7** **Réponds aux questions et écris un paragraphe.**
Answer the questions for yourself and write a paragraph.

Joyeux Noël, Père Noël!

lire **1** **Regarde les images et fais correspondre les mots.**
Look at the pictures and match the words.

1 I've torn …
2 I've broken …
3 I've caught …
4 I've slipped …

a J'ai cassé …
b J'ai déchiré …
c J'ai glissé …
d J'ai attrapé …

lire **2** **Devine les mots en anglais. Puis vérifie avec un dictionnaire.**
Guess the English, then check in a dictionary.

1 mes vêtements
2 un rhume
3 dehors
4 fermé
5 la barbe
6 le ventre
7 la cheminée

parler **3** **Mémorise au moins quatre phrases à l'aide des mots dans les exercices 1 et 2. Puis fais une mini-présentation pour ton/ta partenaire.**
Memorise at least four sentences using the words in Exercises 1 and 2. Then do a mini-presentaion for your partner.

écouter 4 **Lis, écoute et chante!**

La chanson de Noël

(Refrain) *J'adore Noël, la fin de l'année*
C'est ma fête préférée
Avec les cadeaux
Et les gâteaux
On peut enfin s'amuser

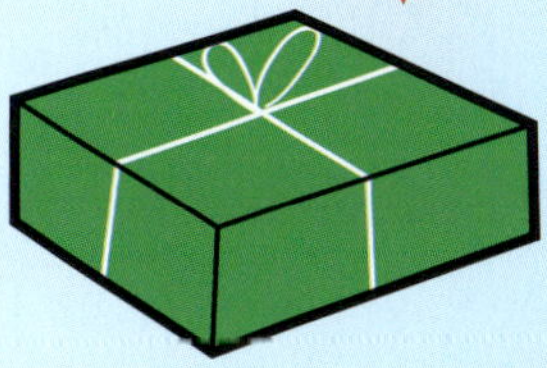

On me donne des vêtements
Mais moi, je préfère de l'argent
On me donne des chocolats
Ou bien un agenda
C'est pareil tous les ans
On me traite comme un enfant
Mais …

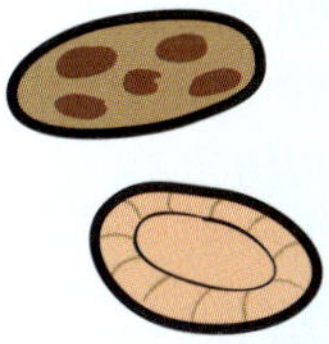

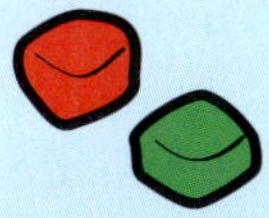

(Refrain) *J'adore Noël, la fin de l'année*
C'est ma fête préférée
Avec les cadeaux
Et les gâteaux
On peut enfin s'amuser

On me donne des chaussettes
Ou encore une calculette
On me donne un petit stylo
Peut-être un album de photos
C'est pareil tous les ans
On me traite comme un enfant
Mais …

refrain = chorus

(Refrain) *J'adore Noël, la fin de l'année*
C'est ma fête préférée
Avec les cadeaux
Et les gâteaux
On peut enfin s'amuser

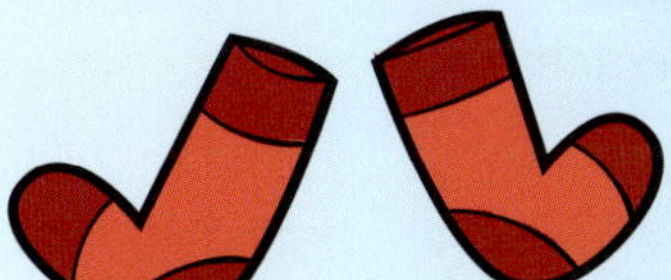

Sports et activités — *Sports and activities*

Tu aimes ...?	*Do you like ...?*
J'aime ...	*I like ...*
Je n'aime pas ...	*I don't like*
faire du vélo	*to cycle*
regarder la télévision	*to watch television*
faire du skate	*to go skateboarding*
aller en ville	*to go into town*
retrouver mes amis	*to meet up with my friends*
nager	*to swim*
lire	*to read*
jouer à l'ordinateur	*to play on the computer*
Que fais-tu comme sport?	*What sports do you do?*
Je fais de la danse.	*I go dancing.*
Je fais de l'escalade	*I go climbing.*
Je fais du ski.	*I go skiiing*
Je fais de la voile.	*I go sailing.*
Je joue au badminton.	*I play badmintion.*
Je joue au basket.	*I play basketball.*
Je joue au hockey sur glace.	*I play ice hockey.*
Je joue au tennis.	*I play tennis.*
Je joue au volley.	*I play volleyball.*

Des verbes utiles avec "nous" — *Useful verbs with "we"*

nous	*we*
Nous allons à la pêche.	*We go fishing.*
Nous faisons du karting.	*We go karting.*
Nous faisons du skate	*We go skateboarding.*
Nous jouons au basket.	*We play basketball.*
Nous jouons aux jeux vidéo.	*We play video games.*
Nous regardons la télé.	*We watch TV.*

La fréquence — *Frequency*

toujours	*always*
souvent	*often*
de temps en temps	*sometimes*
rarement	*rarely*

Expressions de temps — *Time phrases*

à seize heures	*at 4 p.m.*
de temps en temps	*from time to time*
deux fois par semaine	*twice a week*
en été	*in summer*
en hiver	*in winter*
l'après-midi (m ou f)	*(in) the afternoon*
le lundi	*Monday, on Mondays*
le matin	*(in) the morning*
le soir	*(in) the evening*
le week-end	*(at) the weekend*
normalement	*normally*
quelquefois	*sometimes*
rarement	*hardly ever*
souvent	*often*
toujours	*always*
tous les dimanches	*every Sunday*
vendredi soir	*on Friday evening*

Les émissions de télévision — *TV programmes*

Qu'est ce que tu as regardé hier soir?	*What did you watch last night?*
Hier soir, j'ai regardé ...	*Last night I watched ...*
un dessin animé	*a cartoon*
un documentaire	*a documentary*
les informations (f)	*the news*
un jeu télévisé	*a game show*
une série	*a series*
une série policière	*a police series*
Cétait à quelle heure?	*What time was it on?*
C'était à 19 heures.	*It was on at 7 p.m.*

Les opinions	Opinions
C'était comment?	*What was it like?*
C'était ...	*It was ...*
passionnant	*exciting*
marrant	*funny*
intéressant	*interesting*
bien	*good*
pas mal	*not bad*
ennuyeux	*boring*
affreux	*terrible*
nul	*awful/rubbish*

Le passé	The past
Qu'est-ce que tu as fait hier?	*What did you do yesterday?*
Hier, ...	*Yesterday, ...*
Hier soir, ...	*Yesterday evening, ...*
Le week-end dernier ...	*Last weekend ...*
j'ai téléphoné à ma grand-mère.	*I phoned/called my grandmother.*
j'ai regardé la télévision.	*I watched TV.*
j'ai dansé et chanté avec une copine.	*I danced and sang with a (girl)friend.*
j'ai beaucoup travaillé au collège.	*I worked hard at school.*
j'ai acheté un CD.	*I bought a CD.*
J'ai mangé une pizza.	*I ate a pizza.*
J'ai nagé pendant deux heures.	*I swam for 2 hours.*
Je n'ai pas acheté de CD.	*I didn't buy a CD.*

Stratégie 2

Remembering what words mean

Sometimes you can recognise a French word or even remember how to spell it, but forget what it means. One way of remembering words that just won't stick is to put them into English sentences and repeat them to yourself.

For example, to remember the French words for 'summer' and 'winter' you could say 'The weather's always a lot nicer *en été* than *en hiver*.' Or to remember the word for 'always', you could say 'I'm *toujours* forgetting to hand my homework in on time.' See how many more you can come up with. The funnier the better!

Turn to page 155 to remind yourself of the *Stratégies* you learnt in *Expo 1*.

3 Les sorties

1 Tu veux sortir? Making and reacting to invitations Using the verb *vouloir*

écouter 1 **Note la question et la réponse: positive ☺, négative ☹ ou neutre 😐? (1–10)**

Exemple: 1 h ☺

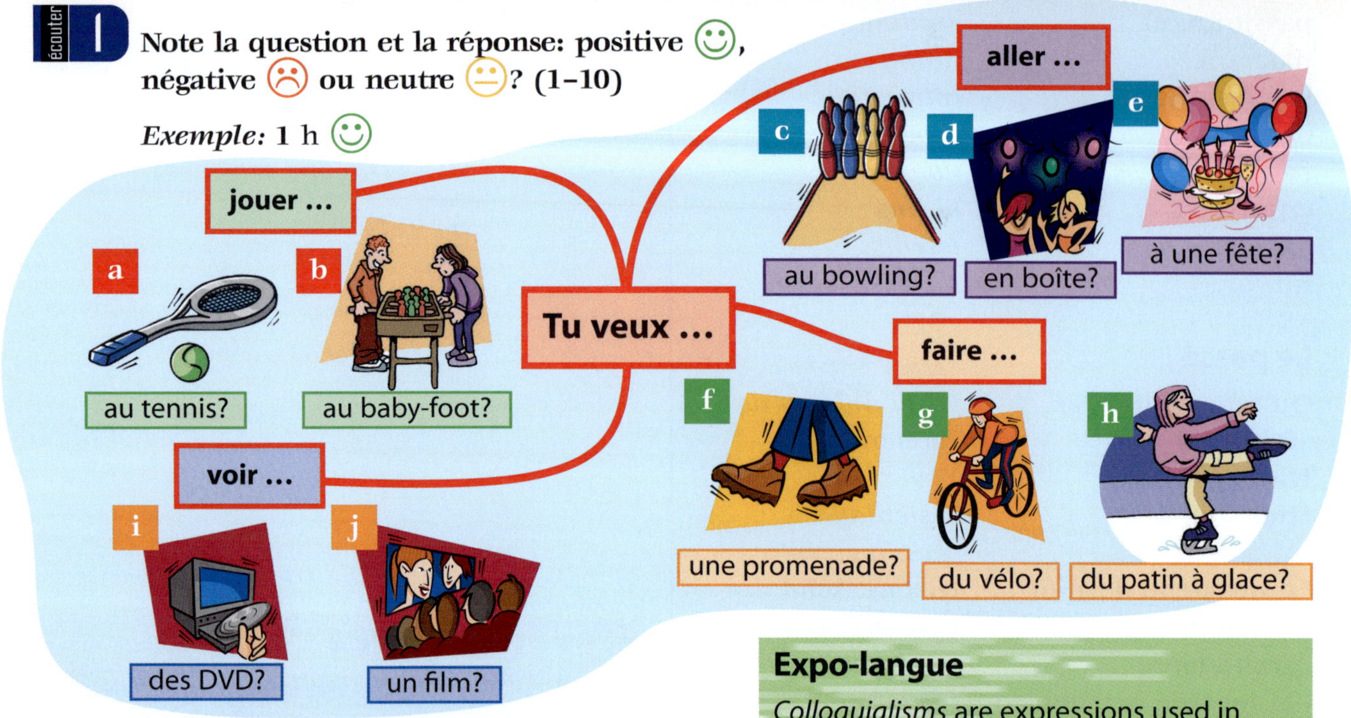

☺	😐	☹
Bonne idée!	D'accord.	Tu plaisantes!
Chouette!	Bof, …	Je n'ai pas envie.
Je veux bien.	Ça m'est égal.	Je ne peux pas.

Expo-langue

Colloquialisms are expressions used in everyday speech.

Exemple: **d'accord** = OK/agreed
bof … = I'm not bothered really

Try to use these when you are speaking French in class.

parler 2 **À deux. Tu es une personne célèbre. Invite ton/ta partenaire à sortir. Il/Elle donne une réponse appropriée.**

Exemple:

- Je suis **David Beckham**. Tu veux **aller à une fête** avec moi?
- Oui, **chouette**!

Expo-langue ▶ Grammaire 3.9

vouloir = to want to

je veux	I want to
tu veux	you want to
il/elle/on veut	he/she/we want(s) to

Vouloir is a modal verb.
Modal verbs are followed by the infinitive.
Exemple: Je veux **voir** un film.

écrire 3 **Écris ces phrases en français.**

1 I want to go to the bowling alley. — Je ___ aller au ___.
2 Do you want to see a film? — Tu ___ voir un ___?
3 She wants to go to a party. — ___ veut ___ à une ___.
4 I want to go cycling. — ___ veux ___ ___ ___.
5 Do you want to play tennis? — ___ ___ ___ ___ ___?
6 He wants to go for a walk. — ___ ___ ___ ___ ___.

lire 4 Lis les textos, puis copie et complète la grille en anglais.

Read the text messages then copy and complete the table in English.

1 Tu veux jouer au foot mardi? Rendez-vous au stade à 13h. À bientôt.

2 Tu veux aller observer les oiseaux ce week-end? Rendez-vous à la gare à 11h30. Réponds-moi si tu viens.

3 Tu veux sortir samedi? On va en boîte. Rendez-vous chez Muriel à 20h. D'accord?

4 Je vais au musée mercredi avec mes parents. Tu veux venir? Rendez-vous au café à 15h. OK?

5 Tu veux faire du camping demain? Rendez-vous chez moi à 9h30, d'accord?

	what?	when?	meeting time?	meeting place?
1				

écouter 5 Écoute le message et complète chaque phrase correctement.

1 *Suzanne/Céline* a téléphoné.
2 Elle veut aller au *bowling/cinéma*.
3 Après, elle veut aller au *café/fast-food*.
4 Le rendez-vous est à *18h/20h*.
5 Le rendez-vous est *chez elle/au musée*.
6 Son numéro de téléphone est le *05 10 09 39 18/05 10 08 29 18*.

parler 6 À deux. Prépare ces conversations au téléphone.

***Exemple:* 1**

- ■ Allô, c'est Bruno.
- ● Bonjour, Bruno.
- ■ Tu veux voir un film samedi?
- ● Oui, je veux bien.
- ■ Rendez-vous chez moi à 20h. D'accord?
- ● D'accord, merci.

écrire 7 Écris des textos pour les images de l'exercice 6.

***Exemple:* 1**

Tu veux voir un film samedi? Rendez-vous chez moi à 20h.

2 Désolé(e), mais ... Making excuses
Using the verbs *pouvoir* and *devoir*

lire 1 **Relie l'excuse et l'image.**

Exemple: a Benoît

- a Je dois laver la voiture.
- b Je dois promener le chien.
- c Je dois ranger ma chambre.
- d Je dois rester à la maison.
- e Je dois faire mes devoirs.
- f Je dois faire les courses avec maman.
- g Je dois faire le ménage.
- h Je dois aller voir ma grand-mère.

écouter 2 **C'est chez qui? (1–8)**

Exemple: 1 Florence

parler 3 **À deux. Prépare ces conversations.**

Exemple: 1

- ■ Tu veux **aller au cinéma**?
- ● Désolé(e), je ne peux pas.
- ■ Pourquoi?
- ● Je dois **laver la voiture**.

Expo-langue ▶ Grammaire 3.9

Modal verbs

devoir = to have to
je dois = I must
tu dois = you must
il/elle/on doit = he/she/we must

pouvoir = to be able to
je peux = I can
tu peux = you can
il/elle/on peut = he/she/it can

désolé(e) = sorry

1  ? ✗ → 

2  ? ✗ → 

3  ? ✗ → 

4  ? ✗ → 

5  ? ✗ → 

6  ? ✗ → 

écouter **4** **Écoute la conversation et mets les images dans le bon ordre.**

parler **5** **À deux. Lis la conversation. Répète la conversation en changeant les mots en gras.**
In pairs. Read the conversation. Repeat the conversation, changing the words in bold.

- ■ Allô, c'est moi!
- ● Ah, c'est toi ...
- ■ Tu veux **aller au bowling** ce soir?
- ● Désolé(e), je dois **faire les courses.**
- ■ Tu veux **faire du skate** demain soir?
- ● Je ne peux pas parce que je dois **promener le chien.**
- ■ Zut! Et ce week-end? **Tu veux voir un film?**
- ● Tu plaisantes! Je ne veux pas sortir avec toi, tu comprends?
- ■ D'accord, je comprends. Au revoir!

écrire **6** **Ils ne peuvent pas sortir. Écris leurs excuses bizarres en anglais.**
They can't go out. Write down their strange excuses in English.

Je ne peux pas aller au cinéma parce que ...

1. ... je dois promener l'éléphant de ma grand-mère.
2. ... je dois téléphoner à Leonardo di Caprio.
3. ... je dois faire une omelette géante.
4. ... je dois organiser un concert de mathématiques.
5. ... je dois manger mon ordinateur.

écrire **7** **Choisis des mots pour compléter ces excuses bizarres. Utilise le dictionnaire si tu veux.**

1. Je dois ___ mon poisson rouge.
2. Je dois ___ mon frère.
3. Je dois ___ mon vélo.
4. Je dois manger ___ ___.
5. Je dois laver ___ ___.
6. Je dois faire ___ ___.
7. Je dois ___ ___ ___.
8. Je dois ___ ___ ___.

3 Les vêtements — Talking about clothes / Adjectival agreement

lire 1 **Relie les vêtements et les images.**

une jupe verte
des baskets noires
une veste noire
un jogging marron
une robe bleue
un jean bleu
un pantalon rouge
une chemise blanche
un tee-shirt blanc
des chaussures noires
un pull orange
un maillot de foot jaune

écouter 2 **Qu'est-ce qu'ils vont porter à la fête? Note les bonnes lettres. (1–8)**
What are they going to wear to the party? Write down the right letters.

Exemple: **1** i, a, b

Je vais porter …
= I am going to wear …
Tu vas porter …
= You are going to wear …

Expo-langue ▶ Grammaire 2.2

Adjectives must agree with the noun they are describing.
Blanc and **marron** work in a special way.

un jean	**une** jupe	(masc. pl) **des** tee-shirts	(fem. pl) **des** baskets
bleu	bleu**e**	bleu**s**	bleu**es**
jaune	jaune	jaune**s**	jaune**s**
blanc	blanc**he**	blanc**s**	blanc**hes**
marron	marron	marron	marron

parler 3 **À deux. Réponds aux questions. Change les couleurs de l'exercice 1 si tu veux.**

Exemple: **1** Je vais porter une robe rouge et des chaussures bleues.

Qu'est-ce que tu vas porter …

1 … à la fête?
2 … au mariage?
3 … au cinéma?
4 … au match de foot?
5 … si on fait du vélo?
6 … en boîte?

écouter 4 **Écoute et répète aussi vite que possible.**

Les chaussures de l'archi-duchesse,
sont-elles sèches ou archi-sèches?

The letters **ch** make the sound **sh.**

lire 5 Choisis un mot pour finir la phrase.

1 La jupe est *cool/moche.*

2 Le pull est *joli/démodé.*

3 La veste est *démodée/cool.*

4 La robe est *nulle/jolie.*

5 Les baskets sont *cool/moches.*

parler 6 À deux. Donne ton opinion sur ces vêtements.

moche = ugly
nul(le) = awful
démodé(e) = old-fashioned
joli(e) = nice, pretty

Je pense que À mon avis,	le pull la robe	est	moche(s). démodé(e)(s). nul(le)(s). cool. joli(e)(s).
	les chaussures	sont	

écrire 7 Fais une description des vêtements de ces mannequins, et donne aussi ton opinion.

Exemple: **a** Elle porte une robe blanche et … .
À mon avis, la robe est jolie, mais …

elle porte = she wears/she is wearing

a

b

c

Mini-test

I can …

- make and respond to an invitation
- fix a meeting time and place
- say I can't do something
- make excuses
- say what I am going to wear to go out
- say what I think of people's clothes

4 Faire les magasins
Buying clothes
Using comparative adjectives

écouter **1** **C'est combien? (1–10)**

Exemple: **1** a

a

b

c

d

e

f
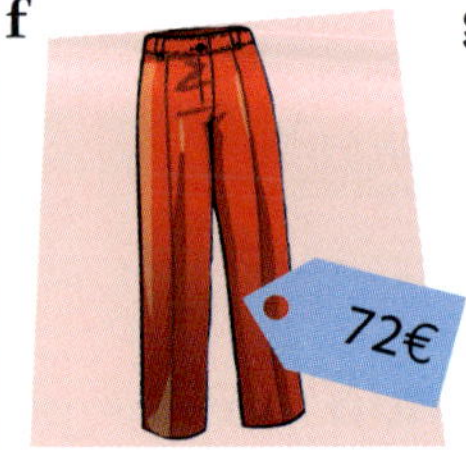

g

h
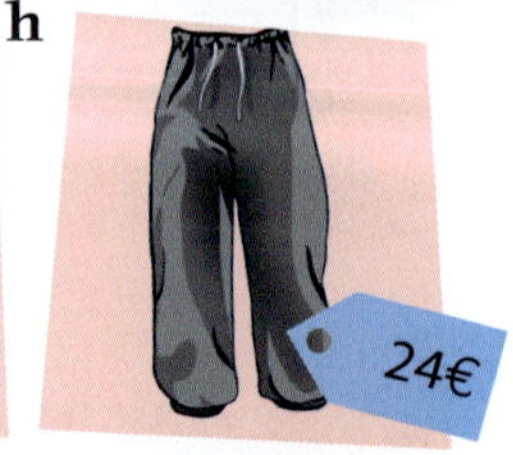

i

j

parler **2** **À deux. C'est combien?**

Exemple:

- ■ C'est combien?
- ● Cinquante-six euros.
- ■ Cinquante-six euros, c'est la jupe?
- ● Oui!

écouter **3** **Écoute et choisis les mots pour compléter la conversation dans le magasin de vêtements.**

44	38	84	blanc
35	un pantalon		36
un tee-shirt		40	bleu

- ■ Bonjour, mademoiselle, je peux vous aider?
- ● Oui, monsieur, je voudrais (**1**) ___ ___, s'il vous plaît.
- ■ Quelle taille?
- ● Taille (**2**) ___, s'il vous plaît.
- ■ Et quelle couleur?
- ● (**3**) ___, s'il vous plaît.
- ■ Attendez un instant ... voilà.
- ● C'est combien, s'il vous plaît?
- ■ C'est (**4**) ___ euros, mademoiselle.
- ● Mmmm ... C'est trop cher. Avez-vous quelque chose de moins cher?
- ■ Oui, à (**5**) ___ euros.
- ● D'accord, merci.
- ■ De rien, mademoiselle.

lire **4** **Trouve le français pour:**

1 Can I help you?
2 I would like ...
3 What size?
4 What colour?
5 How much is it?
6 It's too expensive.
7 Do you have something less expensive?

parler 5 **À deux. Répète la conversation de l'exercice 3 et remplis les blancs.**

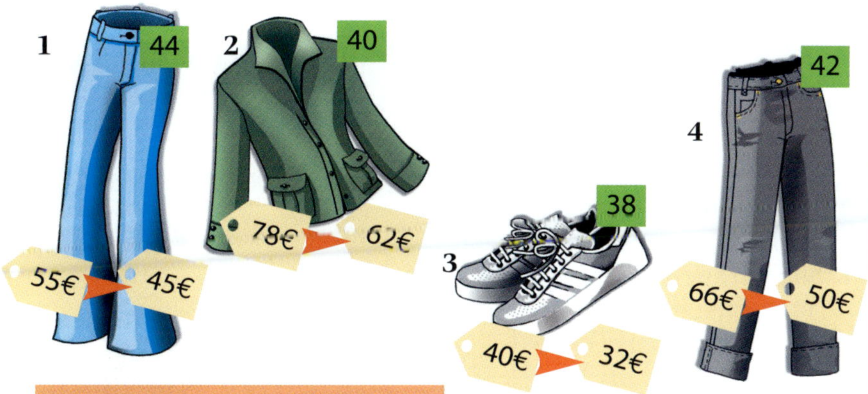

When you are buying shoes:
Quelle pointure? = What size?

Expo-langue ▶ Grammaire 2.4

plus cher que = more expensive than

moins cher que = less expensive than, cheaper than

Exemple:
Le jean est **plus cher que** le pantalon.

Le tee-shirt est **moins cher que** le jogging.

écrire 6 **Complète les phrases avec *plus* ou *moins*.**

1 L'anglais est ▬ intéressant que les maths.
2 *EastEnders* est ▬ amusant que *Coronation Street*.
3 Tesco est ▬ cher que Sainsbury's.
4 Le français est ▬ ennuyeux que la géographie.
5 Madonna est ▬ jolie que Kylie Minogue.

lire 7 **Copie et complète la fiche de Jenifer.**

Jenifer Bartoli est la première star gagnante de Star Academy. Elle est née à Nice dans le sud de la France et elle a un rotweiler qui s'appelle Rolls. Elle aime le roller, la natation, le snowboard et la musique, mais sa passion, c'est la mode. Elle porte souvent une veste en cuir, une minijupe et des bottes la journée. Mais le soir, elle aime être chic. En général, elle porte une robe noire.

Nom:
Prénom:
Vient de:
Animaux:
Passe-temps préférés:
Passion:
Vêtements préférés:

écrire 8 **Copie et complète la fiche de l'exercice 7 pour une vedette de la musique (ou de la télévision) que tu aimes.**
Copy and complete the form from Exercise 7 for a music or TV star that you like.

écrire 9 **Écris un paragraphe sur ta vedette de la musique (ou de la télévision) préférée.**

5 En ville

Saying where you went
Using *aller* in the perfect tense

écouter 1 **Écoute et lis.**

Hier, je suis allé en ville. D'abord, je suis allé à la boulangerie où j'ai acheté une baguette. Puis je suis allé à la pharmacie où j'ai acheté une brosse à dents. Après, je suis allé au magasin de sport où j'ai acheté une paire de baskets. À la librairie, j'ai acheté un livre, et dans un magasin de musique, j'ai acheté un CD pour mon frère. Ensuite, j'ai acheté des timbres à la poste et puis je suis allé au supermarché pour faire les courses. Enfin, j'ai bu un café au café-tabac.

Expo-langue ▶ Grammaire 3.11

Most verbs use **j'ai** in the perfect tense.

Exemple: j'ai acheté = I bought

The verb **aller** is different.
je **suis** allé(e) = I went
tu **es** allé(e) = you went

The feminine form adds an extra **e** – all**é**e.

lire 2 **Mets les photos dans le bon ordre.**

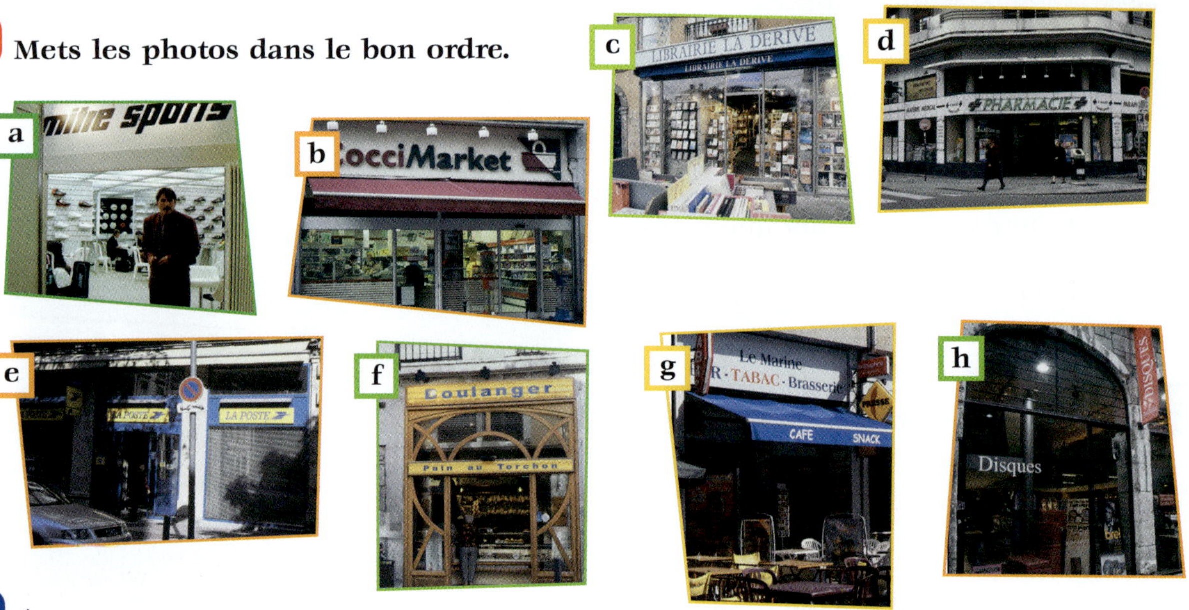

écouter 3 **Écoute et note la lettre du bon magasin. (1–8)**

parler 4 **À deux. Fais des conversations.**

Exemple: a

■ Où es-tu allé(e)?
● Je suis allé(e) **au café-tabac**.

Je suis allé(e)	au	café-tabac. magasin de musique. magasin de sport. supermarché.
	à la	boulangerie. librairie. pharmacie. poste.

écrire 5 **Mets les mots dans le bon ordre.**

1 Hier, … allé je en suis ville
2 D'abord, … supermarché je allé au suis
3 Puis, … à suis allé poste la je
4 Ensuite, … suis au allé café-tabac je
5 Après, … je librairie suis allé la à
6 Enfin, … au je de magasin suis allé musique

hier = yesterday
d'abord = first of all
puis } = then
ensuite }
après = afterwards
enfin = finally

écouter 6 **Écoute la description d'une visite en ville. Copie et complète la grille. (1–5)**

	magasin visité	article(s) acheté(s)	pour qui?
1	*pharmacie*	*aspirines*	*mère*

lire 7 **Trouve la bonne fin pour chaque phrase.**

Le week-end dernier, …

1 je suis allé au stade
2 je suis allé au cinéma
3 je suis allé à la bibliothèque
4 je suis allé à la piscine
5 je suis allé au marché
6 je suis allé à la librairie
7 je suis allé à la poste
8 je suis allé au café

a où j'ai acheté des bananes.
b où j'ai mangé une glace.
c où j'ai regardé un bon match.
d où j'ai nagé pendant deux heures.
e où j'ai envoyé une lettre.
f où j'ai acheté un livre.
g où j'ai lu un livre.
h où j'ai vu un film.

j'ai lu = I read
j'ai vu = I saw

parler 8 **À deux. À tour de rôle. Prépare une description de ta journée d'hier.**

Je suis allé(e) au/à la … où j'ai acheté …

a

b

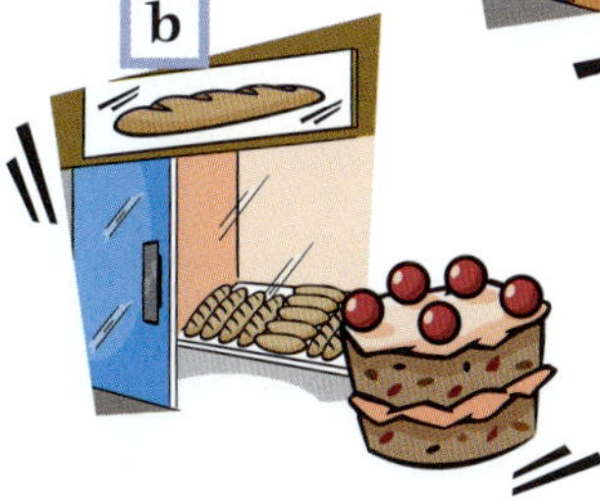

c

d

écrire 9 **Écris un paragraphe sur ta journée d'hier.**
Utilise les images de l'exercice 8 et les mots de l'exercice 5.

Unité 1

I can

■ ask if somebody wants to do something	*Tu veux jouer au tennis/voir un film?*
■ respond to an invitation	*Bonne idée! Je n'ai pas envie.*
■ say what I want to do	*Je veux faire une promenade/aller en boîte.*
■ fix a meeting time and place	*Rendez-vous chez moi à 20h.*
G use the verb *vouloir*	*je veux/tu veux/il veut/elle veut/on veut*

Unité 2

I can

■ list some jobs around the house	*faire le ménage, laver la voiture*
■ say I can't do something	*Je ne peux pas aller au cinéma/faire du vélo.*
■ make excuses	*Je dois promener le chien/ranger ma chambre.*
G use the verb *pouvoir*	*je peux/tu peux/il peut/elle peut/on peut*
G use the verb *devoir*	*je dois/tu dois/il doit/elle doit/on doit*

Unité 3

I can

■ list some articles of clothing	*un jean, une jupe, des baskets*
■ say what colour clothes are	*un jean bleu, une jupe bleue, des baskets bleues*
■ say what I am going to wear to go out	*Je vais porter un jean/des baskets.*
■ say what I think of people's clothes	*Le pull est cool. La jupe est moche.*
G use adjectival endings	*une chemise blanche, un tee-shirt blanc*
pronounce the letters **ch** correctly	*chaussures, sèches*

Unité 4

I can

■ ask how much something is	*C'est combien?*
■ understand high prices	*40€*
■ buy clothes	*Je voudrais la taille 38. Avez-vous quelque chose de moins cher?*
G use comparative adjectives	*plus cher que, moins cher que*

Unité 5

I can

■ name some shops	*le magasin de sport, la librairie*
■ say which shops I went to	*Je suis allé(e) à la boulangerie/au supermarché.*
■ say what order I did things in	*d'abord, puis, ensuite, après, enfin*
G use the verb *aller* in the perfect tense	*je suis allé(e), tu es allé(e)*

1 (écouter)

C'est quelle activité? C'est quelle excuse? Note les bonnes lettres. (1–5)

Exemple: **1** d, i

a

b

c

d

e

f

g

h

i

j

2 (parler)

À deux. Prépare ces conversations.

Exemple: **1**

- ■ Tu veux **jouer au tennis**?
- ● Bonne idée!
- ■ Qu'est-ce que tu vas porter?
- ● Je vais porter **un jean noir** et **un tee-shirt blanc**.

1

2

3

3 (lire)

Lis l'e-mail. Vrai ou faux?

Boîte de réception | Messages envoyés | Brouillons

Je veux aller en boîte ce soir, mais je ne peux pas parce que je dois faire mes devoirs ... et après, je dois ranger ma chambre! Mais ce week-end, je vais à une soirée chez Louise. Je vais porter un pantalon bleu et un maillot de foot. Hier, je suis allé au magasin de sport où j'ai acheté des jolies baskets blanches. Chouette! **Jan**

1 Jan veut aller en boîte.
2 Il doit faire ses devoirs.
3 Ce week-end il va voir un film.
4 Il va porter un pantalon noir.
5 Il a acheté des baskets dans un magasin de musique.
6 Les baskets sont moches.

4 (écrire)

Écris les conversations de l'exercice 2.

Ce week-end

1 Écoute et lis. (écouter)

J'ai passé un week-end chouette. Vendredi soir, je suis allée à une fête chez Anna. J'ai porté ma jupe noire et ma jolie chemise verte et j'ai dansé avec Xavier … il est vraiment beau!
Samedi, je suis allée en ville avec ma belle-mère. D'abord, on est allées chez Pimkie, un magasin de vêtements que j'aime beaucoup. J'ai acheté un pantalon blanc et un pull. Après, on est allées chez Décathlon. C'est un magasin de sport. On a acheté une raquette de tennis pour mon petit frère parce que c'est bientôt son anniversaire.
Dimanche matin, j'ai fait le ménage avec mon père. L'après-midi, je suis allée voir ma grand-mère, qui habite près de chez nous. Dimanche soir, j'ai fait mes devoirs de maths et de français. J'aime bien faire mes devoirs! **Angélique**

2 Corrige l'erreur dans chaque phrase. (lire)

1 Angélique a passé un week-end nul.
2 Elle est allée à une fête vendredi matin.
3 Elle pense que Xavier est moche.
4 Elle a fait du shopping avec sa copine.
5 Elle a acheté des vêtements chez Décathlon.
6 La raquette de tennis est pour son père.
7 Dimanche après-midi, elle a aidé son père à ranger la maison.
8 Angélique déteste les devoirs.

3 Décris ton week-end. (parler)

vendredi
boîte (avec Ludo)

samedi
matin – match de foot
après-midi – ville
soir – DVD

dimanche
après-midi – cinéma, 15h
soir – devoirs (anglais, sciences)

4 Utilise l'agenda de l'exercice 3 ou tes propres idées pour décrire un week-end fantastique. (écrire)

5 Note le nom de ces six chaînes de magasins en France, et aussi la sorte de magasin. (écouter)
Write down the name of these six French chain stores, plus the type of shop each one is.

Exemple: **1** PIMKIE: magasin de vêtements

parler 6 En groupes. Jouez.

> Je suis allé à la poste.

> Je suis allé à la poste, et puis je suis allé au cinéma.

> Je suis allé à la poste, et puis je suis allé au cinéma, et puis je suis allé à la boulangerie.

Continuez!

lire 7 Fais le jeu-test. Utilise le glossaire si nécessaire. Compare tes réponses avec les réponses de ton/ta partenaire.

Ce week-end, on t'invite à sortir … Quelle est ta réaction?

1 Tu veux aller au zoo?
- (a) Chouette!
- (b) Non, merci, je trouve ça cruel.
- (c) Je n'ai pas envie car je n'aime pas les animaux.

2 Tu veux jouer au golf?
- (a) Tu plaisantes! C'est un sport pour les snobs!
- (b) Bof … c'est ennuyeux!
- (c) Bonne idée, je n'ai jamais essayé.

3 Tu veux voir un film de science-fiction?
- (a) Je préfère les films romantiques.
- (b) Je veux bien.
- (c) Je préfère les films comiques.

4 Tu veux faire du baby-sitting avec moi?
- (a) D'accord, si on me paie!
- (b) Tu plaisantes, je n'aime pas les enfants.
- (c) Bonne idée! J'adore les enfants!

5 Tu veux faire une promenade à la campagne?
- (a) Il fait trop froid.
- (b) Je préfère regarder la télé.
- (c) Chouette, j'aime être en plein air.

6 Tu veux aller en boîte avec les copains?
- (a) Bonne idée, j'adore sortir en groupe.
- (b) Tu plaisantes! Je déteste danser.
- (c) Bon, d'accord …

7 Tu veux aller à un concert de musique classique?
- (a) La musique classique, ça ne me dit rien.
- (b) La musique classique, c'est ma passion.
- (c) Merci, mais je ne m'intéresse pas à la musique.

8 Tu veux aller à une fête?
- (a) Je veux bien! J'aime rencontrer des gens.
- (b) Je n'ai pas envie car je suis assez timide.
- (c) Oui, pourquoi pas?

écrire 8 Prépare quatre ou cinq autres questions/réponses pour ce jeu-test.

Les jeunes en France

1 lire **Lis l'article.**

SONDAGE SUR LES VÊTEMENTS

Les élèves de la classe de 5e au Collège M. Alin à Frignicourt en France donnent leurs opinions.

QUESTION 1

Qu'est-ce que tu portes au collège?

Il n'y a pas d'uniforme scolaire en France. Dans cette classe,

- 71% portent un jogging.
- 66% portent un jean.
- 58% portent un tee-shirt.
- En été, 25% des élèves portent un short, un bermuda ou un pantacourt.

QUESTION 2

Quelles sortes de vêtements préfères-tu?

- Les vêtements les plus populaires, ce sont les vêtements de sport.
- Ils aiment aussi les vêtements qui sont trop larges et trop longs, comme les vêtements de skateurs, par exemple.
- Certains élèves préfèrent les marques, comme Levi's et Nike, parce que c'est plus cool.

QUESTION 3

Qu'est-ce que tu penses de l'uniforme scolaire?

- Je pense que l'uniforme scolaire est nul car on ne peut pas porter ce qu'on veut. *Loro*
- C'est ridicule car on se ressemble tous. *Mélodie*
- Ce n'est pas mal car ça limite le racket. *Isaline*
- Ce n'est pas top car ça gâche la personnalité et le style. *Lydia*
- Comme ça, il y a plus de justice. Tout le monde porte la même chose. *Pierrick*
- Je pense que l'uniforme scolaire est trop strict. *David*

2 lire **Vrai ou faux?**

gâcher = to spoil
le racket = bullying
la même chose = the same thing

1 En France, on porte l'uniforme scolaire.
2 Au Collège M. Alin, le jean est moins populaire que le jogging.
3 Un quart des élèves portent un short en hiver.
4 Les élèves adorent les vêtements de sport.
5 Ils préfèrent les vêtements qui sont assez grands.
6 Certains élèves trouvent les marques cool.
7 Mélodie est pour l'uniforme scolaire.
8 Pierrick est contre l'uniforme scolaire.

pour = for
contre = against

3 écouter **Écoute et note les réponses de Kévin aux questions.**

écouter **4** **Lis, écoute et chante!**

Les excuses

Tu veux sortir?
Je ne peux pas.
Je dois laver le pain ...
Tu veux danser?
Je ne peux pas
Je dois dessiner le chien ...

Refrain
Des excuses, des excuses,
Ce sont sans doute des ruses.
Des excuses, des excuses.
C'est clair: tu refuses!

Tu veux sortir?
Je ne peux pas
Je dois réparer ma trompette.
Tu veux danser?
Je ne peux pas.
Je dois manger la moquette.

Refrain

Tu veux sortir?
Je ne peux pas.
Je dois promener mon chat.
Tu veux danser?
Je ne peux pas.
Je dois acheter un bras
en plastique
pour le frère
de la mère
de mon coiffeur
qui habite
en Angleterre
...

Refrain

a

b

c

d

e

f

lire **5** **Mets les images dans le bon ordre.**

Exemple: **b, ...**

écrire **6** **Invente d'autres couplets à cette chanson.**

Tu veux ...?
Je ne peux pas.
Je dois ...
Tu veux ...?
Je ne peux pas.
Je dois ...

Activités — *Activities*

Activités	Activities
Tu veux … (avec moi)?	*Do you want to … (with me)?*
Je veux …	*I want to …*
aller à une fête	*go to a party*
aller en boîte	*go to a disco/club*
aller au bowling	*go bowling*
faire du patin à glace	*go ice-skating*
faire une promenade	*go for a walk*
faire du vélo	*go cycling*
jouer au tennis	*play tennis*
jouer au baby-foot	*play table football*
voir un film	*watch a film*
voir des DVD	*watch some DVDs*

Réactions — *Reactions*

Réactions	Reactions
oui	*yes*
non	*no*
Bonne idée!	*Good idea!*
Chouette!	*Great!*
Je veux bien.	*I'd like that.*
D'accord.	*OK.*
Bof …	*Well … /So what?*
Ça m'est égal.	*I don't mind.*
Tu plaisantes!	*You must be joking!*
Je n'ai pas envie.	*I don't want to.*
Je ne peux pas.	*I can't.*
Rendez-vous …	*Let's meet …*
au café.	*at the café.*
chez moi.	*at my house.*

Des excuses — *Excuses*

Des excuses	Excuses
désolé(e)	*sorry*
Je ne peux pas.	*I can't.*
Je dois …	*I must …*
aller voir ma grand-mère	*go and see my granny*
faire les courses avec maman	*do the (food) shopping with mum*
faire mes devoirs	*do my homework*
faire le ménage	*do the housework*
laver la voiture	*wash the car*
promener le chien	*walk the dog*
ranger ma chambre	*tidy my room*
rester à la maison	*stay at home*

Les vêtements — *Clothes*

Les vêtements	Clothes
Qu'est-ce que tu vas porter?	*What are you going to wear?*
Je vais porter …	*I'm going to wear …*
Tu vas porter …	*You're going to wear …*
des baskets (f)	*some trainers*
des chaussures (f)	*some shoes*
une chemise	*a shirt*
un maillot de foot	*a football jersey*
un jean	*a pair of jeans*
un jogging	*a pair of tracksuit bottoms*
une jupe	*a skirt*
un pantalon	*a pair of trousers*
un pull	*a jumper*
une robe	*a dress*
un tee-shirt	*a T-shirt*
une veste	*a jacket*

Les couleurs — *Colours*

Les couleurs	Colours
blanc(he)	*white*
bleu(e)	*blue*
jaune	*yellow*
marron	*brown*
noir(e)	*black*
orange	*orange*
rouge	*red*
vert(e)	*green*

Les opinions — *Opinions*

Les opinions	Opinions
À mon avis, …	*In my opinion, …*
Je pense que …	*I think (that) …*
cool	*cool*
démodé(e)	*old-fashioned*
joli(e)	*pretty, nice*
moche	*awful*
nul(le)	*awful, rubbish*

Les nombres	Numbers
vingt	*20*
trente	*30*
quarante	*40*
cinquante	*50*
soixante	*60*
soixante-dix	*70*
quatre-vingts	*80*
quatre-vingt-dix	*90*
cent	*100*

Au magasin	At the shop
Je peux vous aider?	*Can I help you?*
Je voudrais ..., s'il vous plaît.	*I would like ... , please.*
Quelle taille?	*What size?*
Quelle couleur?	*What colour?*
C'est combien?	*How much is it?*
Avez-vous ... ?	*Have you got ... ?*
quelque chose de moins cher	*something cheaper*
merci	*thanks*
de rien	*you're welcome*
cher (chère)	*expensive*
trop	*too*

Les magasins	Shops
la boulangerie	*baker's*
le café-tabac	*café/tobacconist's*
la librairie	*bookshop*
le magasin de musique	*music shop*
le magasin de sport	*sports shop*
la pharmacie	*chemist's*
la poste	*post office*
le supermarché	*supermarket*
Où es-tu allé(e)?	*Where did you go?*
Je suis allé(e) au café-tabac	*I went to the café/tobacconist's*
Je suis allé(e) à la poste.	*I went to the post-office.*
où	*where*

Les adverbes	Adverbs
après	*afterwards*
d'abord	*first of all*
ensuite	*then*
enfin	*finally*
hier	*yesterday*
puis	*then*
ce week-end	*this weekend*
demain	*tomorrow*

Stratégie 3

Faux amis

In *Expo 1* you learnt how to use cognates and near-cognates to help you work out the meaning of French words. These are words that are spelt exactly the same or nearly the same as English words and have the same meaning as in English. But you must be careful – there are some French words spelt the same as in English that mean something completely different. These are known as *faux amis* (false friends).

Look at the word lists on these pages. What do these French words mean in English?

courses
porter
baskets
jogging

Now find on these pages two more articles of clothing and one shop, all of which are *faux amis*.

Turn to page 155 to remind yourself of the *Stratégies* you learnt in *Expo 1*.

4 Manger et boire

1 Bon appétit! Food you like and don't like
Using the definite article after *aimer*

écouter 1 **Les goûts de Ludovic. Qu'est-ce qu'il aime ☺ et qu'est-ce qu'il n'aime pas ☹? Copie et remplis la grille.**

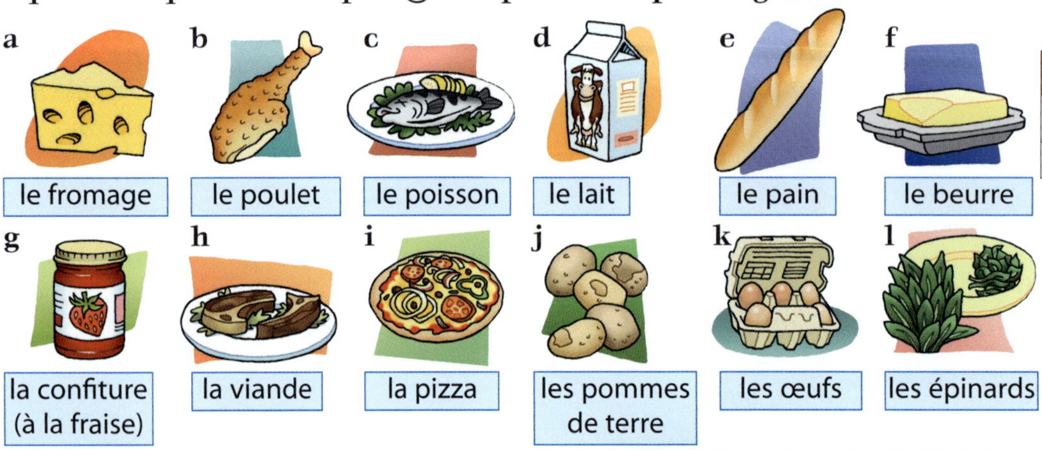

☺	☹
	a

parler 2 **À deux. Fais un dialogue.**

Exemple:
- ■ Tu aimes **le poulet**?
- ● Oui, j'aime **le poulet**.

Expo-langue ▶ Grammaire 1.3

When you are saying what you like, don't like and prefer, you must always use the definite article – **le**, **la** or **les**.

J'aime **le** lait.	= I like milk.
Je préfère **la** viande.	= I prefer meat.
Je n'aime pas **les** fruits.	= I don't like fruit.

lire 3 **Copie et remplis la grille en anglais.**

1 J'aime le lait, mais je n'aime pas le jus d'orange.
2 J'aime le poulet, mais je n'aime pas le poisson.
3 J'aime les pizzas, mais je n'aime pas les tomates.
4 J'aime les pommes de terre, mais je n'aime pas les œufs.
5 J'aime les frites, mais je n'aime pas les épinards.

	☺	☹
1	milk	

écrire 4 **Et toi? Qu'est-ce que tu aimes et qu'est-ce que tu n'aimes pas? Écris cinq phrases.**

écouter 5 Fruits ou frites? Écoute, répète et trouve les réponses. (1–6)

a

b

Tu préfères les fruits ou les frites?

Exemple: 1 a

frit**e**s	You pronounce the **t** because of the following **e**.
fruits	You don't pronounce the **t**.

écouter 6 Qu'est-ce qu'ils préfèrent? Écris la lettre. (1–5)

Exemple: 1 d

a 
le jus d'orange

b 
le coca

c 
le jus de tomate

d 
le jus de pommes

e 
le riz

f 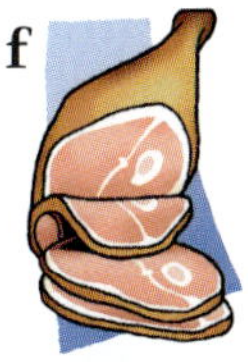
le jambon

g 
le bifteck

h 
les œufs

parler 7 À deux. Pose des questions et réponds.

Exemple:

■ Qu'est-ce que tu préfères: **le coca** ou **le jus de pommes**?

● Je préfère **le jus de pommes**.

lire 8 Lis les e-mails et corrige les phrases.

Farid: J'adore la viande, surtout le poulet avec du riz. J'aime aussi le poisson. C'est délicieux. Je n'aime pas le jambon parce que je suis musulman. C'est contre la religion islamique. Est-ce que tu aimes les escargots et les cuisses de grenouilles?

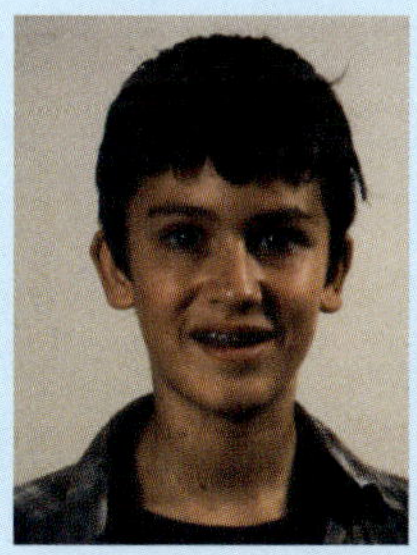

Clément: *Non. Je déteste les escargots et je n'aime pas les cuisses de grenouilles. Mais tout le monde ne mange pas ça, même en France, tu sais! Je préfère les hamburgers et les chocolats.*

1 Farid aime le jambon.
2 Farid n'aime pas le poisson.
3 Clément adore les escargots.
4 Clément aime bien les cuisses de grenouilles.
5 Clément préfère le jambon.
6 Clément n'aime pas les chocolats.

les escargots = snails
les cuisses de grenouilles = frog's legs
même = even
musulman(e) = Muslim
tout le monde = everyone

2 Les repas Breakfast and lunch
Using *du, de la, de l', des*

Le petit déjeuner

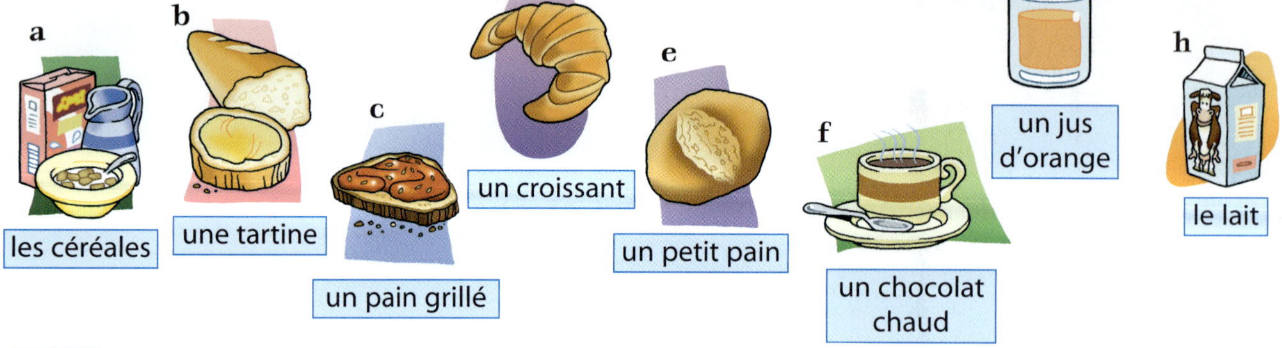

écouter 1 **Écoute et répète.**

lire 2 **Lis les textes et regarde les images. Qui est-ce? Marcus ou Pierre?**

Chez moi, je prends le petit déjeuner à sept heures en semaine parce que le collège commence à huit heures. Je mange une tartine avec de la confiture et je bois du jus d'orange. Puis je vais au collège à vélo.

Marcus

Moi, je ne prends pas de petit déjeuner en semaine. Je quitte la maison et je vais à l'arrêt de bus où je rencontre mes copains. Le dimanche et pendant les vacances, je mange du pain grillé, un croissant ou un pain au chocolat et je bois du chocolat chaud.

Pierre

parler 3 **Sondage. Demande à trois camarades: Qu'est-ce que tu bois au petit déjeuner?**

Exemple: D'habitude, je bois du lait.

toujours = always
normalement = normally
d'habitude = usually
de temps en temps = from time to time
le dimanche = on Sundays

Expo-langue ▶ Grammaire 1.5

How to say *some:*

masculin	féminin	pluriel
du (de l')	**de la (de l')**	**des**

Exemple: Je bois **du** lait.
Je mange **des** céréales.

Le déjeuner

Collège Paul Fort

Menu pour lundi 7 mars
les crudités
***
le poulet ou la quiche
les pâtes
les petits pois, les carottes
la salade verte
***
la mousse au chocolat / le fromage / le yaourt / le fruit
***
l'eau / le jus d'orange

1

2

3

4

5
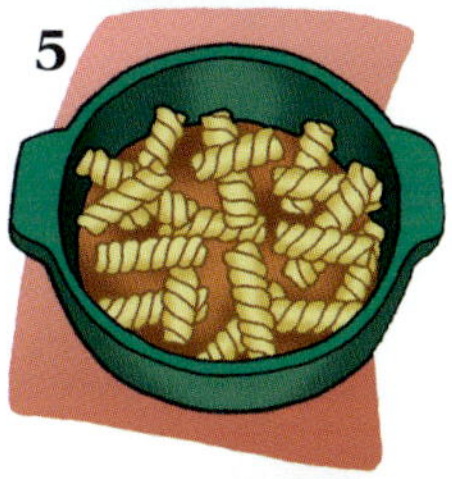
6

7

8

9

lire **4** **Lis le menu et relie les images et les mots.**

Exemple: 1 les crudités

écouter **5** **Regarde le menu et écoute Nordine. Qu'est-ce qu'il mange? Prends des notes.**
Look at the menu and listen to Nordine. What does Nordine eat? Make notes.

parler **6** **À deux. Regarde le menu. Choisis ton repas. Note les plats. Compare ton choix.**
In pairs. Look at the menu. Choose your meal. Note down your choice of food. Compare it with your partner's.

Exemple:
- ■ Moi, je prends le/la/les …
- ● Et moi, je prends le/la/les …

écrire **7** **Lis les textes et écris le menu.**

Alors, moi, je mange les crudités, puis le poisson (le vendredi, il y a toujours du poisson) avec les pommes de terre. Ce n'est pas mal. Puis comme dessert, je prends la mousse au chocolat.
Sandrine

Moi, je prends la salade de riz comme entrée. Puis je mange les spaghettis à la bolognaise. C'est délicieux. Comme dessert, je prends le yaourt.
Freddy

Comme entrée, je mange la salade verte. Comme plat principal, je prends l'omelette aux champignons. C'est dégoûtant. Comme dessert, je prends le fromage et la tarte aux pommes.
Caroline

écrire **8** **Qu'est-ce que tu manges? Dessine un menu et écris un paragraphe.**

3 On prépare une fête Preparing for a party
Using *il faut* + the infinitive

écouter 1 **Écoute les conversations. (1–3) C'est la liste A, B ou C?**

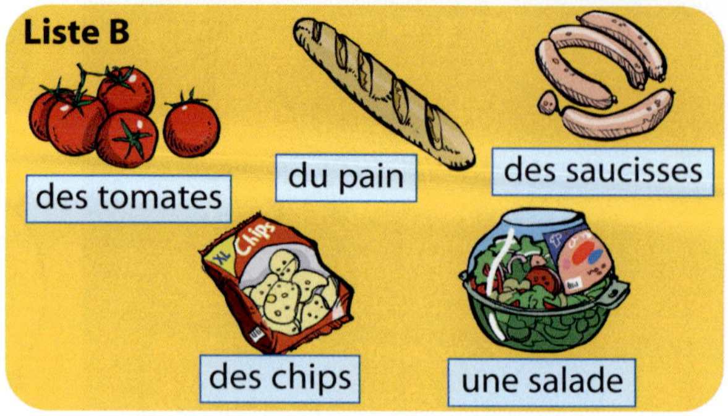

Expo-langue ▶ Grammaire 4.5

Il faut can be used with any infinitive.
It means *you must* (or *it is necessary to*).
It only exists in the **il** form.

Il faut acheter … = You must buy …
Il faut inviter … = You must invite …

parler 2 **À tour de rôle. Note cinq choses en secret et fais des conversations.**
Take turns. Note down five things in secret and discuss.

Exemple:

- ■ Il faut acheter **un gâteau**?
- ● Non. Il faut acheter des **tomates**?
- ■ Oui.

lire 3 **La fête de Mémé. Choisis la bonne fin pour chaque phrase.**

1 Il faut écouter *de la musique classique / de la musique techno.*
2 Il faut faire *du ski / un gâteau d'anniversaire.*
3 Il faut jouer *aux cartes / au foot.*
4 Il faut acheter *des hamburgers/ des gâteaux.*
5 Il faut inviter *des supporters de foot / des amis et la famille.*

Des cartes d'invitation virtuelles

1

C'est mon anniversaire!

date: sam. 5 mai
lieu: 23, rue de la Liberté
58000 Nevers
heure: de 16h à 19h
Viens déguisé(e)!
Thème: Science-fiction

Gros bisous! Janine

Oui, je peux venir! Merci! | Désolé(e). Je ne peux pas venir.

2

Viens t'amuser!

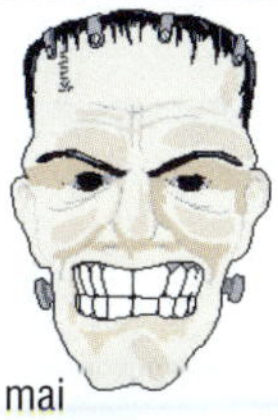

quand? dim. 13 mai
où? 12, rue des Rosiers
38000 Grenoble
à quelle heure? de 15h à 20h
Viens déguisé(e)!
Thème: Films d'horreur!

Je t'embrasse, Manon

Oui, je viens! | Désolé(e). Je ne peux pas venir.

3

Tu es invité(e)!

date: sam. 12 mai
lieu: 12, place de la République
21000 Dijon
heure: 21h
Spectacle de magie et arts du cirque

Je t'embrasse, Sébastien

Oui, je peux venir! Merci! | Désolé(e). Je ne peux pas venir.

4

Viens fêter mes 13 ans avec moi!

Quand: dimanche 13 mai
Heure: 14h
Lieu: Centre sportif
11, rue de la Gare
1160 Bruxelles
Activités: basket, patinoire et mur d'escalade

J'espère t'y voir! Olivier

Oui, je viens! :-) | Désolé(e). Je ne peux pas venir. :-(

lire 4 Lis les cartes d'invitation et corrige les phrases.

1 La fête d'Olivier est le 12 mai.
2 Olivier va avoir 14 ans.
3 Olivier n'est pas sportif.
4 La fête de Manon commence à seize heures.
5 La fête de Sébastien commence à huit heures du soir.
6 Sébastien habite à Lyon.
7 Janine aime les films d'horreur.
8 Manon aime la science-fiction.

écouter 5 Les anniversaires. Écoute les conversations (1–2), recopie et remplis la grille.

	date	heure	activité	oui/non
1	*mercredi 9 mai*			
2				

parler 6 À deux. Fais des conversations.

Exemple: 1

- ■ Tu veux venir à mon anniversaire?
- ● Oui. C'est quand?
- ■ **Mercredi.**
- ● À quelle heure?
- ■ À **21h.**
- ● Où?
- ■ **Au bowling.**
- ● Super!

1 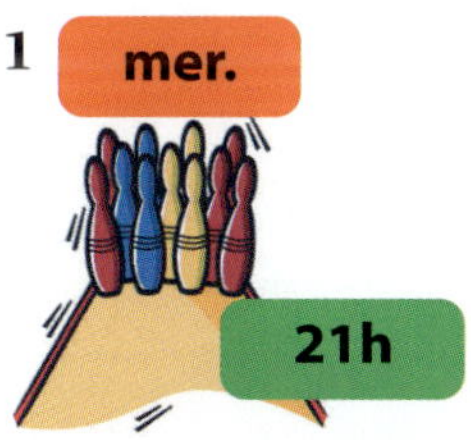

2 

3 

Mini-test

I can …

- ■ talk about food and drink I like, dislike and prefer
- ■ say what I eat and drink
- ■ talk about what I need to buy for a party
- ■ use *du, de la, de l', des* to mean 'some'
- ■ invite someone to my party

écrire 7 Dessine ton invitation virtuelle.

4 On fait des achats Buying provisions Using *de* with quantities

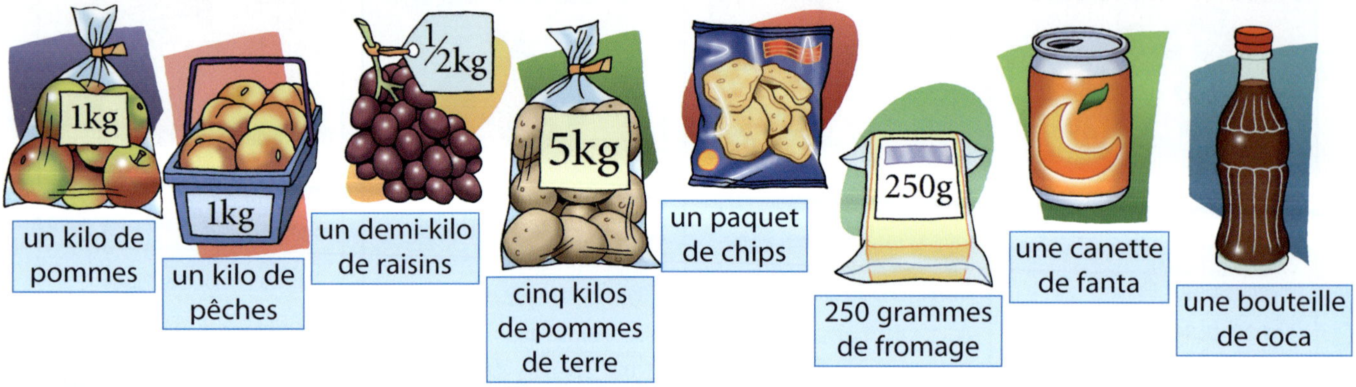

écouter 1 **Au marché. Écoute les conversations (1–3), puis copie et remplis la grille.**

	aliment(s)	quantité	prix
1	pommes		
2			
3			

Expo-langue ▶ Grammaire 4.1

Use **de** after containers and quantities.

un kilo **de** pommes
cinq cents grammes **de** fromage
une bouteille **de** coca

parler 2 **À deux. Fais des dialogues.**

***Exemple:* 1**

- ■ Bonjour, monsieur/madame. Vous désirez?
- ● **Un demi-kilo de raisins**, s'il vous plaît.
- ■ Et avec ça?
- ● **Un kilo de pêches**.
- ■ C'est tout?
- ● C'est tout.
- ■ Ça fait **cinq euros cinquante**, s'il vous plaît.
- ● Merci. Au revoir.

écouter 3 **C'est quel prix? (1–8) Note la bonne lettre.**

***Exemple:* 1 b**

a 4,70€
b 7,60€
c 9,90€
d 12,40€
e 10,10€
f 15,30€
g 6,30€
h 13,70€

Sabrina Rousset
Je travaille à Saint Martin, un village près de Grenoble.
Je travaille du lundi au vendredi à la boulangerie-pâtisserie. Ici, on peut acheter du pain, des croissants, des baguettes et soixante sortes de gâteaux, tartes, etc.

Alex Möller
Je travaille aussi à Saint Martin à la boucherie. Ici, on peut acheter de la viande, par exemple, du poulet et de la charcuterie, des saucisses, etc.
Je commence à huit heures et je finis à midi du lundi au samedi.

Catherine Lefèvre
Moi, je travaille dans une pharmacie. C'est la seule pharmacie du village. Ici, on peut acheter des aspirines, des crèmes, des Kleenex, etc.

Patrick Aubert
Je travaille dans la librairie-papeterie au village de Saint Martin. C'est un nouveau magasin, moderne et agréable. Ici, on peut trouver des livres, des journaux, des magazines et tout pour le collège: par exemple, des cahiers, des crayons, des stylos, des classeurs, des gommes, etc.

lire 4 **Lis les textes. C'est quel magasin? La boulangerie, la boucherie, la pharmacie ou la papeterie?**

a 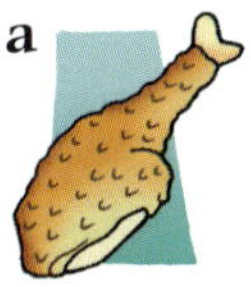
b 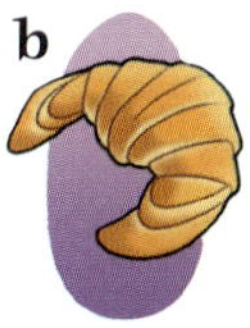
c 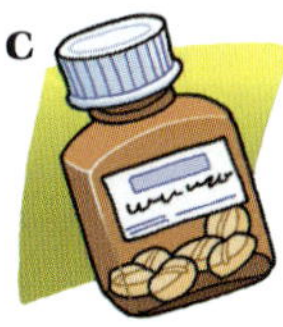
d 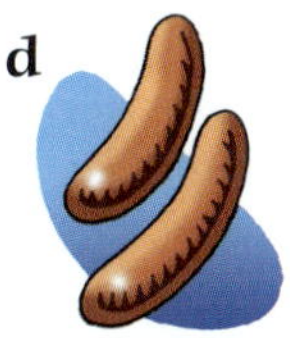
e 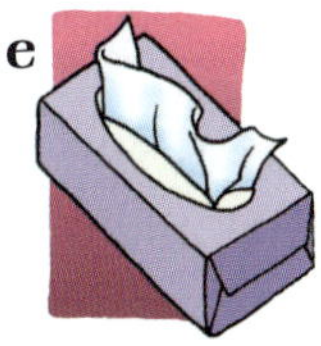
f 

g 
h 

écouter 5 **Copie et remplis la grille. C'était quel magasin? Qu'est-ce qu'ils ont acheté? (1–6)**

	magasin	article
1	*papeterie*	*h*
2		

lire 6 **Copie et remplis les blancs.**

Hier, je suis allé au village pour faire les courses. D'abord, j'ai (**1**) ____ des légumes et des (**2**) ____ au marché. J'ai acheté trois kilos de pommes de (**3**) ____, un kilo de (**4**) ____ et un demi-kilo d'(**5**) ____. Puis à la boulangerie, j'ai acheté cinq (**6**) ____ et une (**7**) ____. Finalement, je suis (**8**) ____ à la librairie-papeterie pour acheter un (**9**) ____ et une (**10**) ____.

fruits | baguette | acheté | poires | terre | stylo | oranges | gomme | croissants | allé

écouter 1 **Qu'est-ce qu'ils prennent? Écoute et note. (1–8)**

Les Boissons

1)	le Coca, l'Orangina, la Limonade	2,10€
2)	l'Eau minérale	1,90€
3)	le Jus de fruit (tomate/pommes/ananas)	2,20€
4)	le Café express ou décaf	1,10€
5)	le Vin rouge 25cl	2,50€

Les Entrées

6)	la Soupe à l'oignon	2,80€
7)	la Salade de tomates	2,50€
8)	le Pâté maison	3,50€
9)	la Salade verte	2,80€
10)	le Pâté aux champignons	3,50€

Les Plats

11)	les Lasagnes	5,80€
12)	les Spaghettis à la bolognaise	5,50€
13)	les Tagliatelles aux champignons et à la crème	5,80€
14)	la Pizza Napoli	6,20€
15)	le Poulet rôti	6,60€
16)	le Steak	8,50€
17)	la Salade niçoise	6,20€
18)	le Poisson du jour	6,50€

Tous nos plats sont servis avec des pommes de terre, du riz ou des frites.
Légumes au choix: haricots, épinards, carottes ou salade

19)	Assiette de fromages	3,80€

Les Desserts

20)	la Mousse au chocolat	2,50€
21)	la Tarte aux pommes	2,40€
22)	la Crème caramel	2,50€
23)	la Glace: vanille, fraise, chocolat, citron, pistache	2,60€

parler 2 À deux. Imagine des conversations.

Exemple:

■ Tu préfères la pizza ou la salade niçoise?

● Je préfère ...

1 Tu préfères  ou ?

2 Tu préfères  ou ?

3  ou 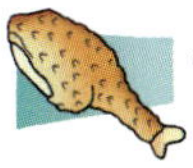 ?

4  ou ?

parler 3 À deux. Joue le jeu de rôle.

■ Qu'est-ce que vous voulez comme boisson?

● Je voudrais un/une ...

■ Et comme entrée?

● Je prends le/la ...

■ Et que voulez-vous comme plat principal?

● Je voudrais le/la/les ...

■ Avec des frites?

● Oui, avec des frites et une/des

■ Voulez-vous un dessert?

● Oui, je prends la ...

écrire 4 Écris ta conversation de l'exercice 3.

écrire 5 Fais le menu de ton restaurant idéal.

Unité 1

I can

- talk about what I like to eat and drink — *J'aime le poulet rôti. J'aime le jus d'orange.*
- talk about what I don't like to eat and drink — *Je n'aime pas les bananes. Je n'aime pas le coca.*
- talk about my preferences — *Je préfère le riz.*
- G use *le, la, les* with food and drink after *aimer* — *J'aime les bananes.*
- pronounce the letter **t** correctly at the end of words — *frites / fruits*

Unité 2

I can

- talk about breakfast and lunch — *Je bois du lait. Je mange des céréales.*
- talk about how often I do things — *Je bois toujours du jus d'orange. D'habitude, je mange un fruit.*
- G use *du, des, de la, de l'* to mean 'some' — *Je mange de la confiture. Je bois de l'eau.*

Unité 3

I can

- talk about what I need for a party — *Il faut acheter des saucisses.*
- understand invitations — *Tu es invité(e) ...*
- invite someone to my party — *Tu veux venir à mon anniversaire?*
- G use *il faut* + infinitive — *Il faut aider.*

Unité 4

I can

- use phrases for shopping — *C'est combien? Je voudrais ..., s'il vous plaît. Merci, c'est tout.*
- use *de* with quantities — *un kilo de pommes, 200 grammes de beurre*
- use *de* with containers — *une bouteille de coca, un paquet de chips*
- recognise names of shops — *la boulangerie, la boucherie, la pâtisserie, la papeterie, la librairie*

Unité 5

I can

- understand a French menu — *les entrées, les plats, les desserts, les boissons*
- say what I would like to eat and drink — *Je voudrais une salade verte. Je prends la pizza.*

écouter 1 Remplis la grille. (1–8)

	article	fréquence
1	c	2x/semaine
2		

a 
b 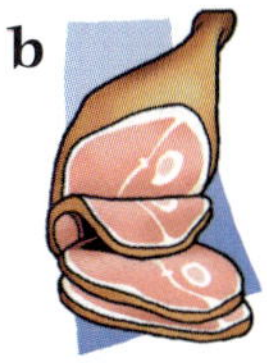
c 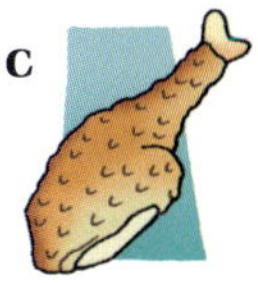
d 
e 
f 
g 
h 

parler 2 Interviewe ton/ta partenaire.

1 Qu'est-ce que tu aimes manger?
2 Qu'est-ce que tu n'aimes pas manger?
3 Qu'est-ce que tu manges au petit déjeuner?
4 Qu'est-ce que tu manges généralement au déjeuner?
5 Tu manges à quelle heure le soir?

lire 3 Copie la grille. Fais des listes en anglais pour chaque personne.

Mon plat préféré est le poulet avec des frites. J'aime boire du jus d'orange, mais je n'aime pas le coca! Le matin, je mange des céréales et je bois du chocolat chaud. Je ne mange pas de poisson. Et toi? Qu'est-ce que tu aimes manger et boire?
Thomas

Moi, je suis végétarien. Je mange beaucoup de légumes. Ma boisson préférée est le jus de pommes. Je n'aime pas le lait. Hier, j'ai acheté un paquet de bonbons, du chocolat et un magazine. J'adore les bonbons et le chocolat. Et toi? Tu es végétarien(ne)?
Vincent

J'adore manger des pizzas. Et toi? Je n'aime pas les escargots. Je trouve ça dégoûtant. Par contre, les spaghettis, c'est délicieux. Le soir, je mange avec ma famille. On mange vers huit heures.
Charlotte

	☺	☹
Thomas	chicken, ...	
Vincent		
Charlotte		

écrire 4 Écris une réponse à la question de Thomas.

Et toi? Qu'est-ce que tu aimes manger et boire?

Mon plat préféré est ▬ .
J'aime boire ▬ , mais je n'aime pas ▬!
Le matin, je mange ▬ et je bois ▬.
Je ne mange pas de ▬.

Bien manger

lire 1 **Relie les conseils et les images.**

DES CONSEILS POUR BIEN MANGER

1) Manger des fruits frais et des légumes, surtout des légumes secs très riches en fibres (lentilles, haricots blancs).
2) Attention au sel! Ne mange pas trop de charcuterie, fromage, chips, potages en boîte ou en sachets, plats préparés.
3) Éviter trop de sucre – les bonbons, ça va, mais avec modération.
4) Le petit déjeuner est très important.
5) Boire au moins un litre de liquide par jour (mais pas de sodas!).
6) Manger est un plaisir. Il faut manger lentement, avec la famille ou avec des amis.

écouter 2 **Écoute et regarde les images (a–j). Note les lettres dans le bon ordre.**

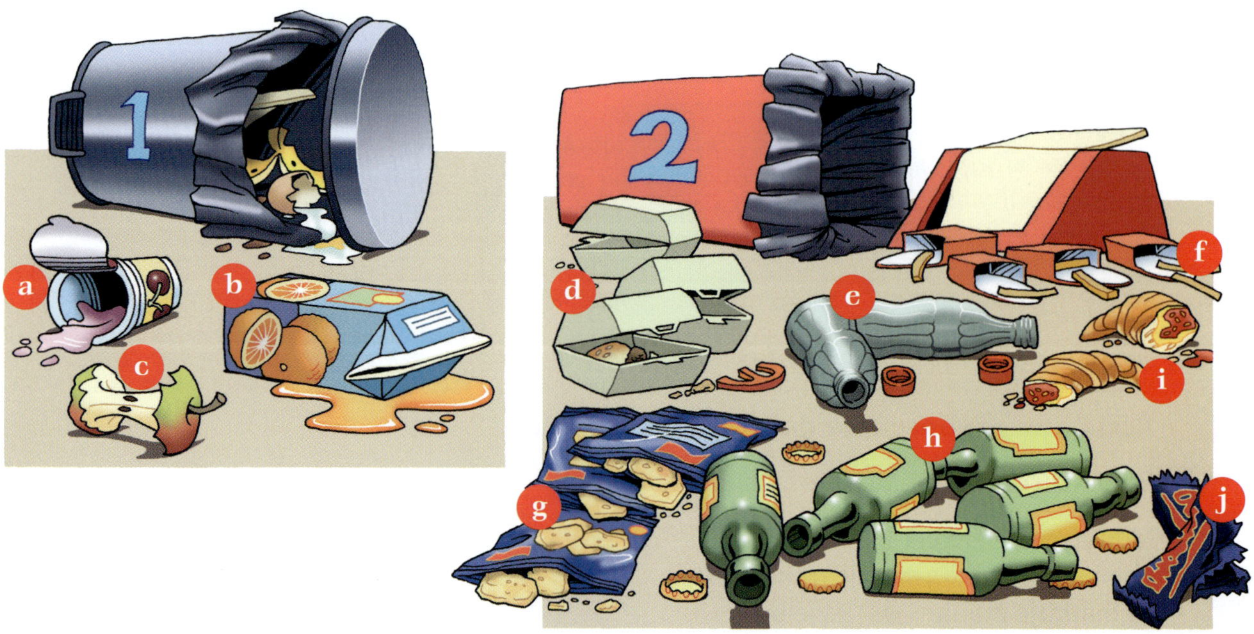

lire 3 Lis les textes et regarde les poubelles de l'exercice 2. C'est Freddy ou Gérard?

Exemple: 1 a Freddy

Freddy Fonceur, champion cycliste
Généralement, pour mon petit déjeuner, je prends un jus d'orange et du muesli. À midi, je mange un repas léger*: une salade de tomates ou des crudités peut-être, puis un yaourt ou une pomme. Normalement, le soir vers sept heures, je mange de la viande avec des légumes et comme dessert, une mousse au chocolat. Je bois un peu de vin. Hier soir, par exemple, j'ai mangé du poulet avec des carottes et j'ai bu un bon vin blanc parce que j'ai gagné une compétition dans les Alpes.

Gérard Grosventre, joueur de boules
Au petit déjeuner, je mange trois tranches de pain grillé, du saucisson, du bacon, deux croissants avec du beurre et de la confiture. Puis je mange deux bols de céréales et je bois trois tasses de café. À midi, je mange toujours un grand steak-frites et je bois du vin rouge. Le soir, je vais au fast-food et je prends trois Big Macs et quatre portions de frites. Après, je mange une glace. Je bois toujours deux cocas. Hier soir, après mon dîner, j'ai joué aux boules, j'ai bu des bières et j'ai mangé des chips et des Mars. C'est important pour l'énergie et pour la concentration!

*un repas léger = a light meal

parler 4 À tour de rôle. Regarde les images (a–j) et fais des phrases.

Exemple: Freddy a bu un jus d'orange.

Freddy	a mangé	un yaourt /des hamburgers /des légumes.
Gérard	a bu	un jus d'orange /un coca.

lire 5 Interview de Freddy. Trouve les réponses de Freddy dans le texte.

1 Qu'est-ce que tu manges généralement au petit déjeuner?
2 Qu'est-ce que tu bois normalement?
3 Qu'est-ce que tu prends à midi?
4 Tu manges à quelle heure le soir ?
5 Qu'est-ce que tu as mangé hier soir?

écrire 6 Écris tes réponses aux questions de l'exercice 5.

Les spécialités régionales

lire 1 **Relie les définitions et les photos.**

a 
la choucroute

b 
la bouillabaisse

c 
la crêpe

d 
la salade niçoise

e 
le cidre

f 
le champagne

1 Une boisson alcoolisée faite avec des pommes. Elle vient de Normandie.

2 Un vin très célèbre – blanc et pétillant (c'est à dire gazeux!). C'est bon pour les fêtes – les mariages, par exemple. La région autour de Reims est connue pour ce vin très célèbre.

3 Une soupe de poissons et de fruits de mer.

4 Un plat froid. Les ingrédients principaux sont le thon, la laitue, les œufs durs, les tomates et les olives.

5 Un plat chaud fait avec des tranches de chou dans une sauce à base de vinaigre. C'est normalement accompagné de saucisses. C'est une spécialité de l'Alsace.

6 Une base très mince, faite avec de la farine, du lait et des œufs. Ce plat est une spécialité de Bretagne. On peut manger ce plat avec toutes sortes de garnitures: par exemple, des marrons, de la confiture, du miel, du citron, des bananes et de la glace.

lire 2 **Choisis la bonne réponse: «a» ou «b».**

1 alcoolisée:	un adjectif	**a** masculin	**b** féminin
2 principaux:	un adjectif	**a** masculin singulier	**b** masculin pluriel
3 boisson:	un substantif	**a** masculin	**b** féminin
4 plat:	un substantif	**a** masculin	**b** féminin
5 spécialité:	un substantif	**a** masculin	**b** féminin

écrire 3 **Copie et complète les phrases.**

1 une b■■ss■n très cé■■b■■ (a very famous drink)
2 un vin bl■■■ p■t■■■ant (a sparkling white wine)
3 n■■■■■■ment a■■■■pa■■■ de ... (normally accompanied by ...)
4 to■■■s s■■■■s de ga■■■t■■■s (all sorts of fillings)
5 avec du t■■■ et de la l■■■ue (with tuna and lettuce)

écouter 4 **Écoute l'interview de Marc Bénard, chef-cuisinier, et mets les photos de l'exercice 1 (a–f) dans le bon ordre.**

écouter **5** **Lis, écoute et chante!**

Les repas

Au petit déjeuner,
Je mange du pain grillé
Avec des céréales.
Normalement, je bois du lait, du café ou du thé.
Ça m'est bien égal!

Des pommes de terre
Avec des haricots verts
Pour le déjeuner,
Et du camembert avant le dessert!
Non, merci, j'ai assez mangé!

Et le soir au dîner,
De la salade composée,
Des frites ou bien du riz,
Mais avant de manger il ne faut pas oublier
de dire «Bon appétit!».

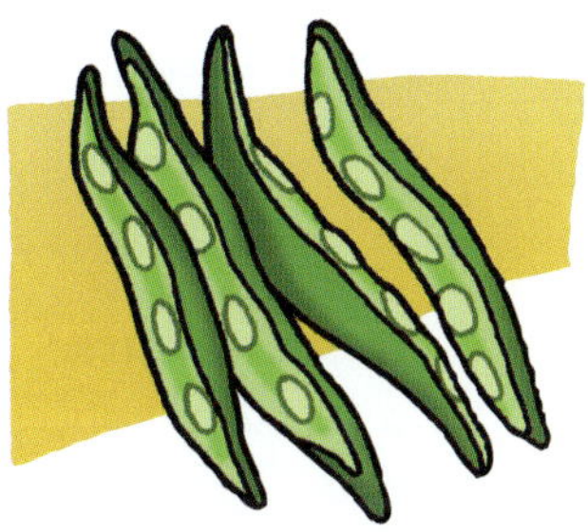

J'adore le poisson, le jambon et le porc,
Mais je n'aime pas du tout les œufs.
Mais c'est vrai qu'en France,
On a vraiment de la chance
Car le reste est délicieux!

Au petit déjeuner,
Je mange du pain grillé
Avec des céréales.
Normalement, je bois du lait, du café ou du thé.
Ça m'est bien égal!

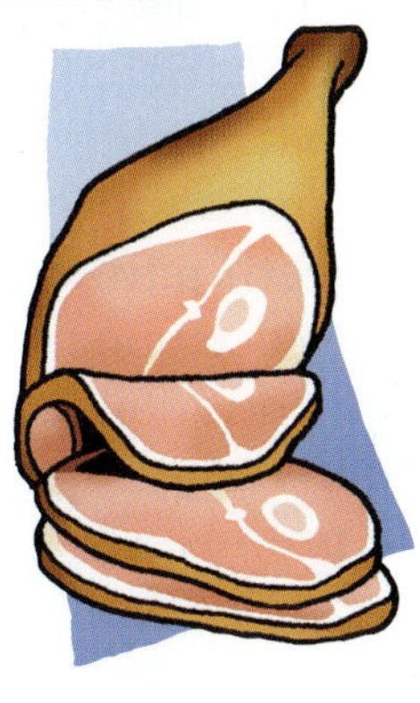

La nourriture	***Food***
Tu aimes ...?	*Do you like ...?*
J'aime ...	*I like ...*
Je n'aime pas ...	*I don't like ...*
J'adore ...	*I love ...*
Je déteste ...	*I hate ...*
Je préfère ...	*I prefer ...*
le fromage	*cheese*
le poulet	*chicken*
le poisson	*fish*
le lait	*milk*
le pain	*bread*
le beurre	*butter*
la confiture (à la fraise)	*(strawberry) jam*
la viande	*meat*
la pizza	*pizza*
les pommes de terre	*potatoes*
les œufs	*eggs*
les épinards	*spinach*
les fruits (m)	*fruit*
les frites (f)	*chips*
le jus d'orange	*orange* juice
le coca	*coca cola*
le jus de tomate	*tomato juice*
le jus de pommes	*apple juice*
le riz	*rice*
le jambon	*ham*
le bifteck	*steak*

Les repas	***Meals***
le petit déjeuner	*breakfast*
les céréales	*cereal*
une tartine	*a slice of bread*
un pain grillé	*a slice of toast*
un croissant	*a croissant*
un petit pain	*a bread roll*
Qu'est-ce que tu manges au petit déjeuner?	*What do you eat for breakfast?*
Je mange ...	*I eat ...*
Je prends ...	*I have ...*
du pain grillé	*some toast*
un croissant	*a croissant*
Qu'est-ce que tu bois au petit déjeuner?	*What do you drink for breakfast?*
Je bois ...	*I drink ...*
du chocolat chaud	*some hot chocolate*
du jus d'orange	*some orange juice*
du lait	*some milk*
le déjeuner	*lunch*
les crudités (f)	*chopped raw vegetables*
la quiche	*quiche*
les pates	*pasta*
les petits pois	*peas*
les carottes	*carrots*
la salade verte	*green salad*
la mousse au chocolat	*chocolate mousse*
l'eau	*water*
Qu'est-ce que tu manges au déjeuner?	*What do you eat for lunch?*
le menu	*menu*
Moi, je mange/prends ...	*I eat/have (I'll have) ...*
les crudités	*the chopped raw vegetables*
la salade de riz	*the rice salad*
comme ...	*for ...*
entrée	*... a starter*
plat principal	*... a main course*
dessert	*... a dessert*

La fréquence	***Frequency***
toujours	*always*
normalement	*normally*
d'habitude	*usually*
de temps en temps	*from time to time*
le dimanche	*on Sundays*

Pour la fête	***For the party***
Il faut ...	*We must ...*
Il ne faut pas	*We mustn't*
acheter ...	*buy*
un gateau	*a cake*
des biscuits	*some biscuits*
des crêpes	*some pancakes*
des beignets	*some donuts*
des tomates	*some tomatoes*
du pain	*some pain*

des saucisses	*some sausages*
des chips	*some crisps*
une salade	*a salad*
des raisins	*some grapes*
un ananas	*a pineapple*
des fraises	*some strawberries*
du fromage	*some cheese*
du thon	*some tuna*
Tu veux venir à mon anniversaire?	*Do you want to come to my birthday?*
C'est quand?	*When is it?*
À quelle heure?	*What time?*
Oui, super!	*Yes, great!*

Les courses	***Doing the shopping***
Vous désirez?	*What would you like?*
un kilo de ...	*a kilo of ...*
cinq kilos de ...	*5 kilos of ...*
pommes	*apples*
pêches	*peaches*
raisins	*grapes*
un paquet de ...	*a packet of ...*
chips	*crisps*
250 grammes de ...	*250g of ...*
fromage	*cheese*
une canette de ...	*a can of ...*
fanta	*fanta*
une bouteille de ...	*a bottle of ...*
Et avec ça?	*Anything else?*
C'est tout.	*Nothing else.*

Les magasins	***Shops***
la boulangerie-pâtisserie	*bakery/cake shop*
la boucherie	*butcher's*
la pharmacie	*chemist's*
la papeterie-librairie	*the bookshop/ stationer's*

Au restaurant	***At a restaurant***
Je voudrais ...	*I'd like ...*
Je prends le/la/les ...	*I'll have the ...*
comme ...	*for ...*
boisson	*a drink*
dessert	*dessert*
plat principal	*a main course*
entrée	*a starter*

Stratégie 4

Learning by doing

When you're learning vocabulary, don't just stare at a list of words. They're not very likely to jump into your brain. Doing something often helps to make them stick. For example, you can copy them out. That's a good way of remembering how to spell words, but it can get a bit boring. Why not make some cards with the French word on one side and the English on the other? You can then play a game with yourself or a partner. You can also use this method to learn the genders of nouns, e.g. write *salade* on one side of the card and *la/une* or 'fem'. on the other.

Turn to page 155 to remind yourself of the *Stratégies* you learnt in *Expo 1*.

5 Voyages et vacances

1 Les pays

Countries and languages
Using the prepositions *à* and *en*

Les langues
- **a** allemand
- **b** anglais
- **c** espagnol
- **d** français
- **e** italien
- **f** portugais

écouter 1 **Où habitent-ils? Note le pays et la langue. (1–10)**

Exemple: **1** *6, d*

parler 2 **À deux. Fais des conversations.**

Exemple: **1**

- ■ Où habites-tu?
- ● J'habite à **Berlin** en **Allemagne**.

1 Berlin 

2 Rome 

3 Paris 

4 Londres 

5 Madrid 

6 Lisbonne 

Expo-langue ▶ Grammaire 4.1

To say *in* with the name of a town, use **à**.
J'habite **à** Berlin.

To say *in* with the name of a feminine country, use **en**.
J'habite **en** Allemagne.

For masculine countries, use **au**.
J'habite **au** Portugal.

lire 3 Lis le texte, puis réponds aux questions.

Exemple: **1** Non, Carmen parle espagnol.

1 Est-ce que Carmen parle anglais?
2 Est-ce que Nadina habite en France?
3 Est-ce que Liam parle français?
4 Est-ce que Pia habite en Grèce?
5 Est-ce que Carmen habite en Allemagne?

J'ai quatre correspondants. On s'écrit des e-mails. Pia Mayer habite à Karlsruhe en Allemagne. Elle est allemande, et elle parle allemand. Carmen García est espagnole. Elle habite à Grenade en Espagne et elle parle espagnol. Nadina Figo est portugaise. Elle habite à Lisbonne au Portugal. Et enfin, Liam O'Connell est irlandais. Il habite à Dublin en Irlande et il parle anglais.

Expo-langue ▶ Grammaire 3.8

To form a question, use **est-ce que** followed by the sentence, and add a question mark.
When you answer a question beginning with **est-ce que ...**, start your answer with **oui** or **non**.

écouter 4 Écoute et répète.

un un un un
bon bon bon bon non
vin vin vin vin Dublin Berlin italien
blanc blanc blanc blanc allemand
anglais en France

Tu veux un bon vin blanc français?
Non, on veut vingt bonbons anglais!

Some sounds in French are called 'nasals' because some of the sound comes from your nose!

The phrase *un bon vin blanc* (a nice white wine) contains all four nasals.

parler 5 À deux. À tour de rôle. En secret, choisis une personne. Ton/Ta partenaire pose des questions pour identifier cette personne. Réponds par *oui* ou *non*.

Exemple:
■ Est-ce que c'est un garçon?
● Oui!
■ Est-ce qu'il habite en France?
● Oui!
■ C'est le numéro 1.

écrire 6 Écris deux phrases sur chaque personne de l'exercice 5. Invente les prénoms.

Exemple: Ross habite à Dundee en Écosse. Il parle anglais.

2 On part ...

Talking about holidays
Asking questions using question words

écouter 1 **Note les réponses de chaque personne. (1–4)**

Exemple: 1 b, g, ...

Où passes-tu tes vacances d'habitude?

a à l'étranger

b à la campagne

c au bord de la mer

d chez moi

Combien de temps restes-tu en vacances?

e une semaine

f quinze jours

g un mois

Avec qui vas-tu en vacances?

h avec ma famille

i avec des copains

j avec la famille d'un copain

Comment voyages-tu?

k en voiture

l en car

m en avion

n en train

parler 2 **À deux. Prépare ces conversations.**

Exemple: 1

- ■ Où passes-tu tes vacances d'habitude?
- ● D'habitude, je passe mes vacances **au bord de la mer**.
- ■ Combien de temps restes-tu en vacances?
- ● Je reste **une semaine**.
- ■ Avec qui vas-tu en vacances?
- ● Je vais en vacances **avec la famille d'un copain**.
- ■ Comment voyages-tu?
- ● Je voyage **en train**.

Expo-langue ▶ Grammaire 3.8

To ask questions using question words, put the question word first and 'invert' the subject and verb

Comment voyages-tu?

Où passes-tu ...?

1

2

3

lire 3 Lis le texte et choisis la bonne fin pour chaque phrase: «a» ou «b»?

Boîte de réception | Messages envoyés | Brouillons

Mes vacances préférées

D'habitude, je passe mes vacances à la montagne en Italie ou en Allemagne. J'adore les montagnes car je fais du ski et du snowboard. On part en vacances une semaine au mois de février et d'habitude, on voyage en avion parce que c'est plus rapide. Le soir, s'il fait très froid, on va au cinéma ou on joue aux cartes. **Benoît**

1 Benoît passe ses vacances **a**  **b** 

2 Il aime ses vacances car il **a**  **b** 

3 Il voyage en **a**  **b** 

4 Le soir, il joue **a**  **b** 

écouter 4 Les vacances d'Édouard. Écoute, copie et complète la grille.

où?	avec qui?	combien de temps?	activités?	opinion☺/☹?

écouter 5 Écoute et répète aussi vite que possible.

Il ne mange pas de lasagnes à la montagne en Allemagne, mais il se baigne à la campagne en Bretagne.

To pronounce the letters **gn**, try making the sound **n** quickly followed by **y**.
campa**gn**e, Allema**gn**e, monta**gn**e

parler 6 Prépare une présentation de tes vacances.

D'habitude, je passe mes vacances .... avec ...

Je reste ... et je voyage ...

Je fais/joue/vais ...

C'est ...

écrire 7 Où passes-tu tes vacances d'habitude? Écris un paragraphe.

3 Au centre de vacances

Describing a holiday centre
Giving opinions

lire **1** **À deux. Lis la brochure et fais une liste des cinq distractions par ordre d'importance pour toi.**

In pairs. Read the brochure and make a list of the five most important attractions in order of importance for you.

Nos restaurants

3 restaurants:

- La Crevette (spécialités de fruits de mer)
- Chez ma Tante (cuisine de la région)
- Vite et Bon (cuisine rapide qui plaît aux enfants)

La relaxation

On peut ...

- nager au paradis aquatique tropical
- aller au sauna
- jouer dans la salle de jeux
- visiter plusieurs boutiques
- visiter un salon de beauté
- aller au jacuzzi

Bienvenue au centre de vacances
Au Clair de la Lune

Nos activités

On peut ...

- jouer au golf à neuf trous
- faire du tennis (quatre courts de tennis)
- faire de la pêche sur lac

- faire du tir à l'arc

- jouer aux boules au terrain de boules

- faire du vélo (location de vélos)
- faire du jogging (deux circuits de jogging)

écouter **2** **Écoute les opinions du centre de vacances. Copie et complète. (1–8)**

	opinion	préfère
1	super	pêche
2		

☺	☹
fantastique	nul
bien	ennuyeux
excellent	
super	

parler **3** **À deux. Prépare la conversation.**

Exemple:

- ■ Qu'est-ce que tu penses du centre de vacances?
- ● Je pense que c'est ...
- ■ Qu'est-ce que tu préfères?
- ● Moi, je préfère **faire du tir à l'arc**. Et toi?

Qu'est-ce que tu penses de ...?
= What do you think of ...?

Je pense que c'est ...
= I think (that) it's ...

lire 4 Qu'est-ce qu'ils pensent du centre de vacances? Relie les opinions et l'anglais.

a *À mon avis,* ***il y a trop de*** *restaurants. Un restaurant, ça suffit pour un centre de vacances.*

b *Je pense qu'****il y a assez de*** *courts de tennis parce qu'il y en a quatre.*

c *À mon avis,* ***il y a beaucoup de*** *possibilités pour faire du sport, et ça, c'est très important.*

d *Je trouve qu'****il n'y a pas assez de*** *pistes cyclables dans la forêt.*

e *Je pense qu'****il n'y a pas beaucoup de*** *magasins. À mon avis, le supermarché est trop petit.*

1 There are too many restaurants.
2 There are not many shops.
3 There are lots of sports facilities.
4 There are enough tennis courts.
5 There are not enough cycle paths.

À mon avis = In my opinion

écouter 5 Chloé décrit un autre centre de vacances. Choisis les bons mots pour compléter chaque phrase.

1 Il y a beaucoup d'
2 Il n'y a pas beaucoup de
3 Il y a assez de
4 Il n'y a pas assez de
5 Il y a trop de

a douches ni de toilettes.
b salons de beauté.
c activités sportives.
d restaurants.
e terrains de basket.

écrire 6 Prépare une brochure pour un nouveau centre de vacances près de chez toi.

parler 7 À deux. Complète chaque phrase pour ton collège. Utilise un dictionnaire si tu veux.

À mon avis, dans mon collège,
- il y a beaucoup de ...
- il n'y a pas beaucoup de ...
- il y a assez de ...
- il n'y a pas assez de ...
- il y a trop de ...

Idées

devoirs
bons professeurs
mauvais professeurs
clubs
récréations
terrains de sport
terrains de basket

Mini-test

I can ...
- say what country people live in, and what language they speak
- talk about what I usually do in the holidays
- understand information about a holiday centre
- give opinions

4 Voyager en ligne

Finding information about a holiday destination
Asking questions

lire 1 **Regarde la page web. Tu cliques sur quel bouton?**
Look at the web page. Which button would you click on?

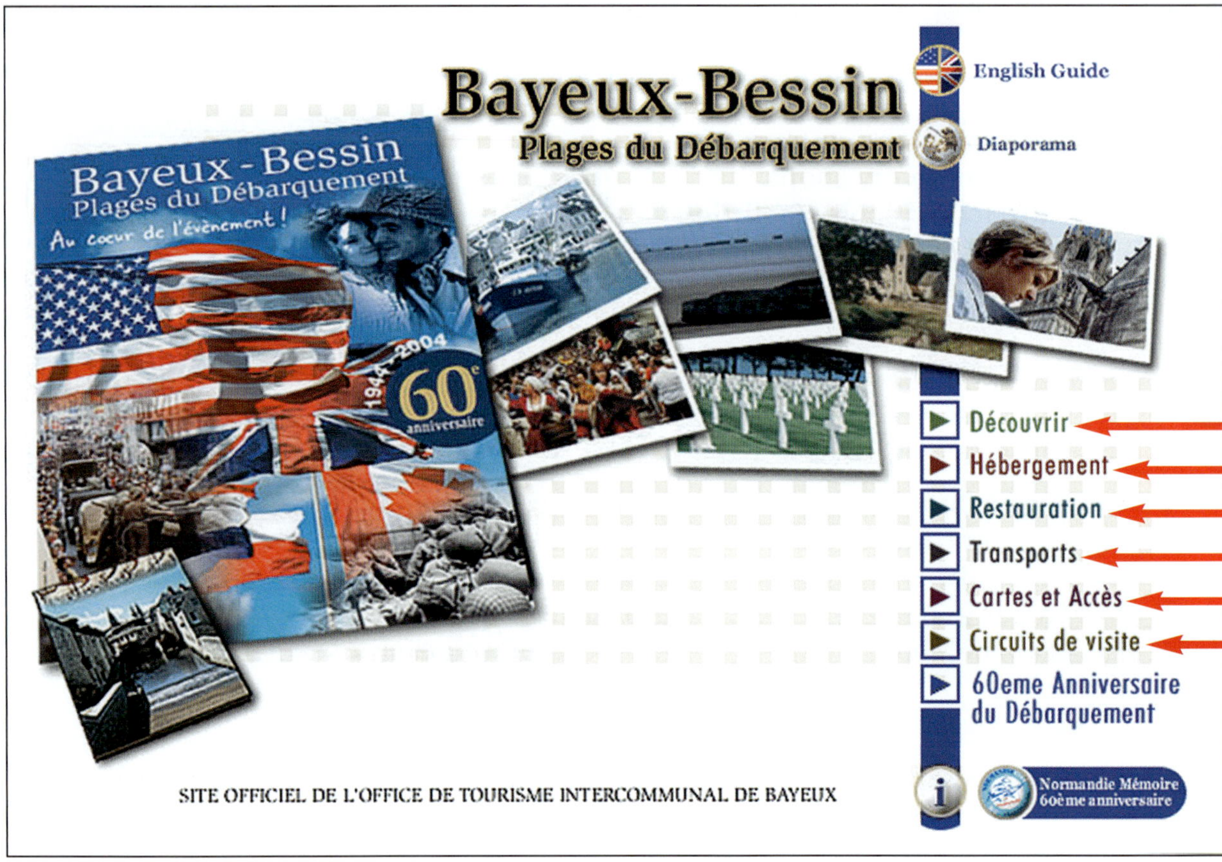

1. Ta mère veut réserver un hôtel.
2. Ton père veut voir une carte de la région.
3. Ta sœur veut aller à Paris en train.
4. Ton frère veut manger des crêpes.
5. Tu veux voir la Tapisserie de Bayeux.

écouter 2 **Annie passe ses vacances à Bayeux. Mets les images dans le bon ordre.**

a

b

c

d

e

f

lire 3 Complète la conversation à l'office de tourisme.

- ■ Bonjour, madame. Je peux vous (1) ___?
- ● Avez-vous un (2) ___ de la ville, s'il vous plaît?
- ■ Oui, voilà.
- ● Je voudrais aussi une (3) ___ de la région.
- ■ Voilà.
- ● Qu'est-ce qu'on (4) ___ faire à Bayeux?
- ■ Voici une liste des (5) ___.
- ● Merci, monsieur. Est-ce qu'on peut (6) ___ au tennis ici?
- ■ Oui, madame. Il y a quatre (7) ___ de tennis.
- ● Est-ce qu'il y a une (8) ___ ici?
- ■ Mais oui, elle est très belle.
- ● Merci, monsieur. Au revoir.

aider | cathédrale | carte | jouer | plan | activités | peut | courts

écouter 4 Écoute et vérifie.

lire 5 Trouve le français.

1 Do you have ... ?
2 a town plan
3 I would like ...
4 a map of the area
5 What can you do in ...?
6 a list of things to do
7 Can you ... here?
8 Is there ... here?

parler 6 À deux. Prépare les conversations à l'office de tourisme.

A

- ■ Bonjour, je peux vous aider?
- ● *Ask if they have a town plan.*
- ■ Voilà.
- ● *Ask what you can do in Bayeux.*
- ■ Voici une liste des activités.
- ● *Ask if you can go to the beach.*
- ■ Oui, à Arromanches.

B

- ■ Bonjour, je peux vous aider?
- ● *Say you would like a map of the area.*
- ■ Voilà.
- ● *Ask if you can visit the cathedral.*
- ■ Mais oui, tous les jours.
- ● *Ask if there is a swimming pool.*
- ■ Oui, près de l'hôpital.

Est-ce qu'il y a ...	une cathédrale? une piscine? une plage?
Est-ce qu'on peut ...	aller à la plage? visiter la cathédrale?

écrire 7 Écris les conversations de l'exercice 6.

5 Destination Sénégal

Talking about a past holiday
More practice with the perfect tense

écouter **1** **Écoute et lis.**

J'ai de la chance! J'ai gagné un concours dans le journal de la région. Le prix? Quinze jours au Sénégal pour deux personnes …

J'ai voyagé en avion avec ma mère. L'hôtel «Silhouette de la Mer» était fantastique. La chambre était grande et il y avait une vue superbe sur la mer.

Moi, j'ai fait beaucoup d'activités différentes: j'ai fait du canoë, du ski nautique et même du banana-riding! Et puis, j'ai joué au tennis de table, au golf et au volley.

Je pense que l'Afrique est vraiment incroyable.

Adrien

lire **2** **Choisis les bons mots pour compléter chaque phrase.**

1 Adrien a passé *une semaine / deux semaines* au Sénégal.
2 Il a voyagé *en avion / en train*.
3 Il est resté dans un *appartement / hôtel*.
4 Il a fait beaucoup de sports *aquatiques / d'hiver*.
5 Le Sénégal est en *Asie / Afrique*.

parler **3** **À deux. Prépare une interview d'Adrien.**

- ■ Où as-tu passé tes vacances?
- ● J'ai passé mes vacances …
- ■ Comment as-tu voyagé?
- ● J'ai voyagé …
- ■ Qu'est-ce que tu as fait comme activités?
- ● J'ai fait … et j'ai joué …
- ■ Qu'est-ce que tu penses du Sénégal?
- ● À mon avis, le Sénégal est …

Expo-langue

To ask questions in the perfect tense, use **est-ce que …**
Qu'**est-ce que** tu as fait comme activités?

… or invert the subject pronoun and the part of **avoir** or **être**:
Comment **as-tu** voyagé?

écrire **4** **Copie et complète. Invente les détails.**

J'ai passé mes vacances à ___ en ___ . J'ai voyagé en ___ avec ma ___ . L'hôtel était ___ .
J'ai fait du ___ et du ___ , et j'ai joué au ___ . C'était ___ .

écouter **5** **D'habitude ou l'année dernière? (1–5)**
Usually or last year?

	d'habitude	l'année dernière
1	d	f

a 
c 
e 
g 
i 

b 
d 
f 
h 
j 

lire **6** **Sépare les phrases.**

je suis allé en Italie j'ai passé deux semaines en Afrique j'ai voyagé en avion j'ai joué au volley j'ai fait du canoë c'était super

parler **7** **À deux. À tour de rôle. Parle de tes vacances.**
L'année dernière, …

	A	B
J'ai passé	15 jours 	8 jours 
J'ai voyagé		
J'ai fait/J'ai joué		
C'était		

écrire **8** **Écris un paragraphe sur tes vacances. Utilise les images de l'exercice 7.**

Unité 1

I can

■ name some European countries	*l'Allemagne, l'Italie*
■ say what country people live in	*Elle habite en Écosse/en France.*
■ understand the names of some languages	*anglais, espagnol*
G use the different words for *in*	*à Paris/en Autriche/au Portugal*
G ask questions without question words	*Est-ce qu'il parle anglais?*
pronounce the nasal sounds	*un bon vin blanc*

Unité 2

I can

■ say where I usually go on holiday	*Je vais à l'étranger/au bord de la mer.*
■ say for how long I go and who with	*Je reste quinze jours avec ma famille.*
■ say how I travel	*Je voyage en bus/en train.*
G ask questions using question words	*Où passes-tu tes vacances?*
pronounce the letters **gn**	*Allema**gn**e, campa**gn**e*

Unité 3

I can

■ understand information about a holiday centre	*Il y a un golf/des courts de tennis.*
■ give opinions	*Je pense que ... / À mon avis, ...*
G understand questions involving opinions	*Qu'est-ce que tu penses du centre de vacances/de la musique rap?*

Unité 4

I can

■ ask for information from a tourist information office	*Avez-vous un plan de la ville? Est-ce qu'il y a une piscine?*
■ understand information from a website about a holiday destination	*Hébergement/Restauration/Cartes et accès*

Unité 5

I can

■ describe a past holiday	*je suis allé(e) / j'ai fait / j'ai passé*
G understand questions in the perfect tense	*Où as-tu passé tes vacances? Qu'est-ce que tu as fait? Comment as-tu voyagé?*

écouter 1 **Où passent-ils leurs vacances? (1–8)**

a

b

c

d

e

f

g

h

parler 2 **À deux. Prépare la conversation.**

- Bonjour, je peux vous aider?
- *Ask if they have a town plan.*
- Voilà.
- *Ask what you can do in Dijon.*
- Voici une liste des activités.
- *Ask if there is a swimming pool.*
- Oui, madame/monsieur.

lire 3 **Lis et écris chaque opinion en anglais.**

Qu'est-ce que tu penses du centre de vacances?

1 Je pense que le golf à neuf trous est fantastique.
Jenifer

2 À mon avis, il y a trop de restaurants.
Loïc

3 Je pense qu'il y a beaucoup de courts de tennis.
Mohammed

4 Il n'y a pas assez de salles de jeux.
Marc

5 Le sauna est super!
Ghislaine

écrire 4 **Écris un paragraphe sur ce que tu as fait l'année dernière.**

a

b

c

Bonnes vacances, mauvaises vacances

lire **1** **Lis la lettre et complète la grille en anglais.**

Name	Countries visited already	Countries to be visited in the future

Je suis Agathe. J'ai de la chance parce que je voyage beaucoup avec mes parents. L'année dernière, on a visité le Portugal et l'Italie, mais l'année prochaine, on va aller au Pays de Galles. Je voudrais retourner en Grande-Bretagne pour visiter l'Écosse et le Pays de Galles car j'ai adoré l'Angleterre quand on est allés à Londres en juillet. Je vais aussi souvent en Espagne avec mes parents car j'adore parler espagnol.

écouter **2** **Complète la même grille pour Fred.**

parler **3** **À deux. Prépare une conversation.**

- Quels pays as-tu visités l'année dernière?
- 

j'ai visité = I visited / I have visited

- Quels pays vas-tu visiter l'année prochaine?
- 

je vais visiter = I am going to visit

- Quels pays voudrais-tu visiter plus tard?
- 

je voudrais visiter = I would like to visit

écrire **4** **Imagine que tu voyages beaucoup. Écris un paragraphe sur:**

- les pays que tu as visités l'année dernière
- les pays que tu vas visiter l'année prochaine
- les pays que tu voudrais visiter plus tard

écouter 5 Écoute et lis.

Les vacances de l'enfer
Nous vous avons demandé de nous raconter vos vacances les plus désastreuses. Aujourd'hui, nous publions vos réponses.

1 L'année dernière, j'ai passé des vacances désastreuses. Je suis parti de la maison à 9h et je suis monté dans ma voiture. Dix minutes plus tard, je suis entré en collision avec un camion. J'ai passé mes vacances à l'hôpital!
Laurent Paris, Surgères

2 J'ai réservé une maison en Espagne sur Internet. Mais quand j'y suis arrivée avec ma famille, quelle horreur! Le salon était très sale. Dans la cuisine, il y avait une table et deux chaises cassées, et c'était tout. Il n'y avait pas de rideaux dans les chambres et la douche était horrible. On est partis immédiatement. Quelles vacances!
Bénédicte Lamy, Arles

3 En juillet, je suis allé à Londres. Je suis entré dans le restaurant de l'hôtel et j'ai commandé un bon vin blanc. La porte de la cuisine était ouverte et soudain j'ai vu un rat dans la cuisine! J'ai quitté le restaurant immédiatement et je n'ai pas payé mon bon vin blanc!
Alain Nouget, Blois

4 L'année dernière, j'ai choisi un hôtel superbe pour mes vacances … selon la brochure. «Cet hôtel de luxe est vraiment exceptionnel» disait la brochure. Mais la chambre était minuscule avec vue sur les poubelles. La piscine était vide. Le restaurant était fermé. Et le jardin était sale!
Lucie Mahon, Bastia

lire 6 Lis les textes de l'exercice 5 encore une fois. Relie chaque image et un numéro.

a

b

c

d

e

f

écrire 7 Tu as passé des vacances désastreuses. Écris une lettre au magazine pour décrire tes vacances.

La Révolution française

1 1788–1789: le roi Louis XVI et sa femme Marie-Antoinette, qui habitent au Château de Versailles près de Paris, ne sont pas populaires et le parlement n'a pas de pouvoir.

2 Juillet 1789: les Parisiens attaquent la Bastille, une prison de Paris. Le roi donne plus de pouvoir au parlement.

3 Octobre 1789: il n'y a rien à manger. Les femmes de Paris vont à Versailles pour protester. La famille royale est forcée de quitter Versailles. Le slogan des révolutionnaires? «Liberté, égalité, fraternité.»

4 1791–1793: Louis, Marie-Antoinette et leurs enfants essaient de quitter la France, mais ils sont capturés. Le roi et la reine sont guillotinés.

5 1793–1794: la France a beaucoup de problèmes. Il y a la guerre à l'étranger, la guerre civile, et il n'y a rien à manger. C'est la période qu'on appelle «La Terreur»: chaque «ennemi» de la révolution est guillotiné.

6 1794: la période de la Terreur finit quand Robespierre, le leader, est guillotiné. La France est en plein chaos, les guerres continuent et beaucoup de gens ont perdu la vie.

7 Pourtant, un jeune général mène l'armée française à des victoires à l'étranger. En 1804, ce général devient empereur de France. Il s'appelle Napoléon.

lire **1** **Lis le texte et mets les paragraphes (a–g) dans le bon ordre.**

- **a** Louis, Marie-Antoinette and their children try to escape from France, but are captured. The king and the queen are guillotined.
- **b** The period of The Terror finishes when Robespierre, the leader, is guillotined. France is in total chaos, the wars continue, and a lot of people have lost their lives.
- **c** Parisians attack the Bastille, a prison in Paris. The king gives more power to parliament.
- **d** However, a young general is leading the French army to victories abroad. In 1804, this general becomes the Emperor of France. His name is Napoléon.
- **e** The king, Louis XVI and his wife, Marie-Antoinette, who live at the Palace of Versailles, aren't popular, and parliament has no power.
- **f** France has a lot of problems: war abroad, civil war and there is nothing to eat. This period is called 'The Terror': every 'enemy' of the revolution is guillotined.
- **g** There is nothing to eat – the women of Paris go to Versailles to protest. The royal family are forced to leave Versailles. The revolutionaries' slogan? 'Freedom, equality, brotherhood.'

écouter 2 **Lis, écoute et chante!**

La Marseillaise

La Marseillaise

Allons enfants de la patrie
Le jour de gloire est arrivé!
Contre nous de la tyrannie
L'étendard sanglant est levé!
L'étendard sanglant est levé!
Entendez-vous dans les campagnes,
Mugir ces féroces soldats?
Ils viennent jusque dans vos bras
Égorger vos fils, vos compagnes!

Aux armes, citoyens!
Formez vos bataillons!
Marchons! Marchons!
Qu'un sang impur
Abreuve nos sillons!

La Marseillaise

Les pays — *Countries*

l'Allemagne (f)	*Germany*
l'Angleterre (f)	*England*
l'Écosse (f)	*Scotland*
l'Espagne (f)	*Spain*
la France	*France*
l'Irlande (f)	*Ireland*
l'Irlande du Nord (f)	*Northern Ireland*
l'Italie (f)	*Italy*
le Pays de Galles	*Wales*
le Portugal	*Portugal*
Où, habites-tu?	*Where do you live?*
J'habite ...	*I live ...*
à Belfast	*in Belfast*
en France	*in France*
au Pays de Galles	*in Wales*

Les langues — *Languages*

Je parle ...	*I speak ...*
allemand	*German*
anglais	*English*
espagnol	*Spanish*
français	*French*
italien	*Italian*
portugais	*Portugese*

Les destinations — *Destinations*

à la campagne	*in the countryside*
à l'étranger	*abroad*
au bord de la mer	*at the seaside*
chez moi	*at home*

La durée — *How long*

une semaine	*a week*
quinze jours	*a fortnight*
un mois	*a month*

Les transports — *Transport*

en avion	*by plane*
en car	*by coach*
en train	*by train*
en voiture	*by car*

Questions et réponses — *Questions and answers*

Où passes-tu tes vacances?	*Where do you spend your holidays?*
Je passe mes vacances ...	*I spend my holidays ...*
Combien de temps restes-tu en vacances?	*How long do you go for?*
Je reste ...	*I go for ...*
Avec qui vas-tu en vacances?	*Who do you go on holiday with?*
Je vais en vacances avec ...	*I go on holiday with ...*
ma famille	*my family*
des copains	*friends*
la famille d'un copain	*a friend's family*
Comment voyages-tu?	*How do you travel?*
Je voyage ...	*I travel ...*

Pour poser une question — *Question words*

combien de temps?	*how long?*
comment?	*how?*
est-ce que ...?	*do/does ...?*
pourquoi?	*why?*
où?	*where?*
quand?	*when?*
que?/qu'est-ce que?	*what?*
qui?	*who?*

Au centre de vacances — *At the holiday centre*

une boutique	*shop*
un circuit de jogging	*jogging track*
un court de tennis	*tennis court*
un golf (à neuf trous)	*(nine-hole) golf course*
la location de vélos	*bikes for hire*
la pêche sur lac	*fishing on the lake*
un restaurant	*restaurant*
une salle de jeux	*games room*
un salon de beauté	*beauty salon*
un sauna	*sauna*
un terrain de boules	*place to play bowls*
le tir à l'arc	*archery*

Les opinions — *Opinions*

Qu'est-ce que tu penses de ...?	*What do you think of ...?*
Qu'est-ce que tu préfères?	*What do you prefer?*
à mon avis	*in my opinion*
Je pense que ...	*I think (that) ...*
Je trouve que ...	*I think (that) ...*
Je préfère ...	*I prefer ...*
il y a	*there is/are*
il n'y a pas	*there isn't/aren't*
assez de	*enough*
beaucoup de	*lots of*
trop de	*too many*
bien	*good*
ennuyeux(-euse)	*boring*
excellent(e)	*excellent*
fantastique	*fantastic*
nul(le)	*useless, terrible*
super	*super*

À l'office de tourisme — *At the tourist information centre*

Avez-vous ...?	*Have you got ...?*
Est-ce qu'il y a ...?	*Is there ...?*
Est-ce qu'on peut ...?	*Can you ...?*
Qu'est-ce qu'on peut faire à ...?	*What can you do in ...?*
aller à la plage	*to go to the beach*
une carte de la région	*a map of the area*
l'hébergement (m)	*accommodation*
une liste des activités	*a list of things to do*
un plan de la ville	*a town plan*
réserver	*to reserve/book*
visiter (la cathédrale)	*to visit (the cathedral)*
Je voudrais ...	*I would like ...*

Les vacances au passé — *Past holidays*

J'ai gagné un concours.	*I won a competition.*
j'ai passé	*I spent*
j'ai joué	*I played*
j'ai voyagé	*I travelled*
L'hôtel était ...	*The hotel was ...*
il y avait	*there was/were*
J'ai fait du canoë.	*I went canoeing.*
J'ai fait du ski nautique.	*I went water-skiing.*
J'ai fait du banana-riding.	*I went on a banana boat.*
C'était ...	*It was ...*

Quand? — *When?*

d'habitude	*usually*
l'année dernière	*last year*

Stratégie 5

More learning by doing

Here are some more tips on how to learn vocabulary:

➢ Sing or rap your list of words. Use a well-known or popular song.

➢ Say your words to the family pet. They won't tell you off for making a mistake, and they may get bored, but they will listen, especially if they are in a cage!

➢ Beat the clock. Use the cards you've made to see how many you can say, translate or write correctly in a minute.

➢ Play Pictionary with a friend. Draw a word for them to guess. They have to say the word correctly in French. See who gets the most right.

Turn to page 155 to remind yourself of the *Stratégies* you learnt in *Expo 1*.

6 Les copains

1 La page des copains

Talking about your friends
More practice with comparative adjectives

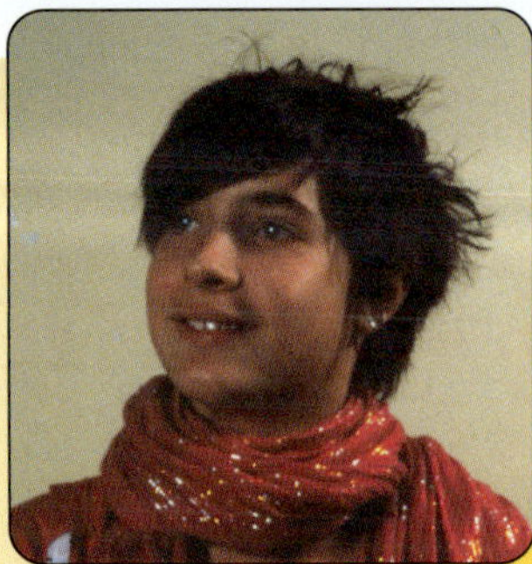

NOM: Pujol
PRÉNOM: Coralie
ÂGE: 14 ans
FRÈRES: 1 SŒURS: 0
TAILLE: 1m 65
YEUX: gris
CHEVEUX: courts, noirs
DATE DE NAISSANCE: 19.06.1991
DOMICILE: Genève (Suisse)
PASSION: aller au cinéma
PASSE-TEMPS: lecture, patin à glace, mes animaux (surtout mes 2 chats) théâtre (je suis membre d'un atelier-théâtre)
CARACTÈRE: un peu timide, généreuse, calme

NOM: Jebril
PRÉNOM: Yasmina
ÂGE: 13 ans
FRÈRES: 1 SŒURS: 2
TAILLE: 1m 60
YEUX : bruns
CHEVEUX: longs, noirs
DATE DE NAISSANCE: 12.04.1992
DOMICILE: Genève (Suisse)
PASSION: danse, musique (le hip-hop)
PASSE-TEMPS: la mode, le tennis, membre d'un club de judo
CARACTÈRE: sociable, bavarde

écouter **1** **Qui parle? Coralie ou Yasmina? Écris «C» ou «Y». (1–8)**

lire **2** **Vrai ou faux?**

1 Coralie est plus grande que Yasmina.
2 Yasmina est plus sportive que Coralie.
3 Coralie est moins timide que Yasmina.
4 Coralie est moins sociable que Yasmina.
5 Yasmina est plus calme que Coralie.

Expo-langue ▶ **Grammaire 2.4**

plus grand(e) que = bigger than ('more big than')
moins grand(e) que = smaller than ('less big than')

Je suis **plus grand que** mon frère.

parler **3** **Les cinq nains. À tour de rôle. Compare les personnages.**
The five dwarves. Take turns to compare their personalities.

Exemple: Raphaelo est plus sportif que Leonardo.

sportif grand
petit actif
intelligent stupide
sympa fort
marrant

Raphaelo *Leonardo* *Ricardo* *Bruno* *Mario*

lire 4 **Lis les textes et regarde les images. Qui est-ce (a–d)? Mélanie, Vincent, Patrick ou Karim?**

Expo-langue ➧ Grammaire 2.3

notre site = our website
nos copains = our mates

a Il adore nager. Il est membre d'un club de natation et il nage tous les jours à six heures du matin! Il est le meilleur nageur de son âge en Suisse.

b Elle aime le football et les voitures de sport. Elle adore aussi les motos. Elle voudrait acheter une mobylette! À 16 ans, c'est possible en Suisse! Elle a 14 ans. Encore deux ans!

c Sa passion est le skateboard. Il aime aussi les jeux de fantaisie et son jeu préféré s'appelle *Warhammer*. Il est fort en informatique. Il est membre d'un club Internet au collège. Sur notre site Internet, il y a nos photos.

d De temps en temps, nous jouons au tennis de table. Le meilleur joueur de notre club s'appelle Patrick Deschamps. Il est un peu autoritaire et il n'aime pas perdre. Il a 16 ans et il a une mobylette! Ses parents sont riches. Il est grand et bavard.

écouter 5 **Qui est-ce? Mélanie, Vincent, Patrick ou Karim? (1–4)**

parler 6 **À tour de rôle. Choisis un(e) de tes copains/copines de classe. Fais une description.**

- Il/Elle est plus grand(e) / petit(e) que ...
- Il/Elle est sympa / sociable / timide.
- Il/Elle n'est pas sportif / sportive / bavard(e).
- Il/Elle est fort(e) en maths.
- Sa passion est ...
- Il/Elle aime ...
- Il/Elle n'aime pas ...
- Il/Elle est membre d'un orchestre / club de judo / club de théâtre.

meilleur(e) = best
autoritaire = bossy
fort(e) en = good at
elle voudrait = she would like

écrire 7 **Écris une description de deux copains/copines de classe. Utilise les expressions de l'exercice 6.**

2 Mon argent de poche

Pocket money
Using *ne ... jamais*

écouter 1 **Qu'est-ce qu'ils achètent avec leur argent de poche? Écris la bonne lettre. (1–5)**

***Exemple:* 1** c

a

des bonbons et des chocolats

b

des magazines

c

des cadeaux

d

du maquillage

e

du matériel scolaire

f

des CD et des DVD

g

des jeux de console

h

des baskets

lire 2 **Qu'est-ce qu'ils achètent? Lis les textes, puis recopie et remplis la grille.**

	achète	économise pour	n'achète jamais
Karim			
Coralie			
Mélanie			

Moi, j'économise mon argent pour un skateboard neuf. J'achète des magazines. Je n'achète jamais de CD. **Karim**

Normalement, j'achète du matériel scolaire: des cahiers, des stylos, etc. J'adore regarder les films et écouter de la musique. J'économise mon argent pour des DVD et des CD. Je n'achète jamais de chocolats parce que c'est mauvais pour moi. **Coralie**

Moi, j'économise pour des baskets. J'achète aussi des jeux de console. Je n'achète jamais de vêtements. **Mélanie**

I buy *I'm saving up for*	J'achète J'économise pour	du maquillage. des magazines.
I never buy	Je n'achète jamais de	bonbons, stylos, cahiers, jeux de console, CD, DVD.

parler 3 **Sondage. Interviewe quatre copains. Note les réponses.**

- Qu'est-ce que tu achètes normalement avec ton argent de poche?
- Est-ce que tu économises ton argent?
- Il y a des choses que tu n'achètes jamais?

Expo-langue
Grammaire 3.7

ne ... jamais = never
Je **n'**achète **jamais** de vêtements. = I never buy clothes.

Remember to use **de** after the negative.

écouter 4 Écoute et répète.

Les achats en ligne

a 
un jeu pour PC
62€

b 
un jeu pour Gameboy
48€

c 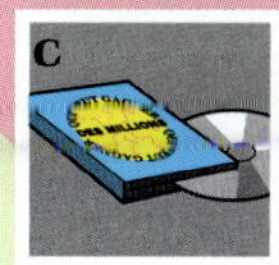
un jeu de société (version électronique)
68€

d 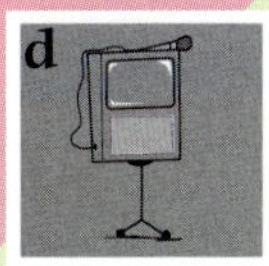
un lecteur karaoké
170€

e 
une voiture radiocommandée
39€

f 
un paquet de classeurs
30€

parler 5 À deux. Travaille sur les prix.

Exemple:

■ Ça coûte **62** euros.

● C'est **un jeu pour PC**.

lire 6 C'est quel cadeau? Lis les lettres de remerciement et écris la bonne lettre (a–f).

1

Merci pour le cadeau! C'est super! Tu es vraiment sympa, tu sais! C'est un cadeau très utile parce que j'aime être organisée pour le collège. Encore merci!
Gros bisous
Camille

2

Un grand merci pour le cadeau! Tu es trop sympa et trop généreux. Il est génial, ce cadeau! J'adore jouer avec des petits véhicules électroniques.
Je t'embrasse
Nicolas

3

Merci pour ce merveilleux cadeau! J'adore les jeux télévisés. J'ai déjà joué avec ma famille et j'ai gagné 10 mille euros!
Je t'embrasse
Tamara

écrire 7 Complète la lettre de remerciement.

Merci pour le . Tu es vraiment . J'adore les  et le  est très marrant. Le jeu pour Gameboy est parfait parce que c'est un jeu de fantaisie et de stratégie et j'aime beaucoup ça. Je peux jouer dans la  et chez moi dans ma . Encore merci!

3 Technofolie Talking about gadgets More practice with adjectives

a

le téléphone portable

b
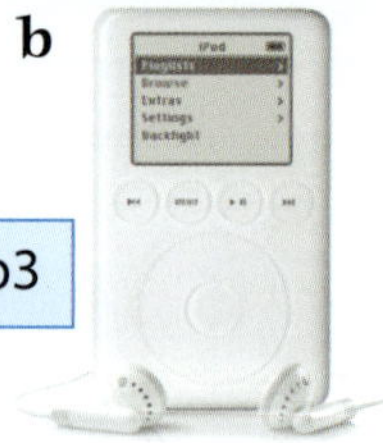
le baladeur mp3

c

la manette

d

l'organiseur électronique

e

le caméscope

f

le clavier électronique

g

l'appareil photo numérique

h

la montre

écouter 1 **Écoute et répète.**

lire 2 **Trouve le cadeau idéal pour quelqu'un qui …**

quelqu'un = someone

Exemple: **1** f

1 … aime jouer du piano.
2 … aime prendre des photos.
3 … aime filmer.
4 … aime les petits ordinateurs et veut organiser sa vie.
5 … aime envoyer des messages SMS.
6 … aimc écouter de la musique.
7 … aime les jeux de console.

écouter 3 **Écoute et vérifie.**

parler 4 **À tour de rôle. Qu'en penses-tu?**

Exemple:
■ **b.** Qu'en penses-tu?
● Le baladeur mp3? Ce n'est pas mal.

C'est génial!
C'est trop cher!
Ce n'est pas mal.
C'est nul!

écouter 5 **Ça coûte combien? Regarde les images, écoute et note l'objet et le prix. (1–7)**

Exemple:
1 b: 120€

120€ 870€ 190€ 330€ 70€ 480€ 360€

lire 6 Un cadeau original pour grand-père. Lis les e-mails et choisis la bonne réponse.

Papa: À mon avis, un appareil photo numérique, c'est un bon cadeau pour grand-père. Il aime prendre des photos. Et en plus, il voudrait un nouvel appareil. C'est pratique, utile et ce n'est pas trop compliqué.

Pascal: Non, papa! Je ne suis pas d'accord! Un appareil photo, c'est complètement nul comme cadeau. À mon avis, le caméscope est le cadeau parfait. C'est utile et pas compliqué.

Maman: Je ne suis pas d'accord avec Pascal. Un caméscope, c'est trop cher, beaucoup trop cher. Et c'est compliqué. Regarde, j'ai trouvé deux cadeaux possibles: une montre ou une radiocassette. La montre est élégante. La radiocassette est utile.

Pascal: Mais, maman, cette montre est nulle! Elle est démodée. Ce n'est pas un cadeau original. Il faut acheter quelque chose d'original. Et la radiocassette, elle est complètement nulle et démodée!

1. Papa pense que l'appareil photo numérique est *pratique / compliqué*.
2. Pascal pense que le caméscope est *nul / utile*.
3. Pascal pense que la montre est *élégante / nulle*.
4. Maman pense que la radiocassette est *utile / chère*.
5. Maman pense que le caméscope est *cher / génial*.

Expo-langue ▶ Grammaire 2.2

Les adjectifs

masculin	*féminin*	
il est …	elle est …	it is …
cher	chè**re**	expensive
génial	génial**e**	great
compliqué	compliqué**e**	complicated
élégant	élégant**e**	elegant
nul	nul**le**	rubbish
démodé	démodé**e**	old-fashioned
parfait	parfait**e**	perfect
pratique	pratique	practical
utile	utile	useful

écrire 7 Regarde les photos de la page 100. Qu'en penses-tu? Écris sept phrases.

Exemple: Je pense que le clavier électronique est génial.

Mini-test

I can …

- talk about friends
- compare people and things
- talk about pocket money
- use *ne … jamais*
- describe gadgets and give my opinion

4 Où vas-tu aller en vacances?

Plans for the holidays
Je vais + the infinitive

écouter **1** **Où vont-ils aller en vacances? (1–8)**
Where are they going to spend their holidays?

a 
en Suisse

b 
en Allemagne

c 
en Angleterre

d 
en France

e 
en Espagne

f 
en Italie

g 
en Grèce

h 
au Portugal

la Grèce = Greece
la Suisse = Switzerland

parler **2** **À deux. Pose des questions à ton/ta partenaire.**

Exemple:
■ Où vas-tu aller en vacances cet été?
● Je vais aller en/au ...

Expo-langue ▶ Grammaire 3.10

To say what you are going to do, use **aller** (to go) plus the infinitive.
This is called the 'near future' tense.

Je vais	aller dans un salon de thé.
Tu vas	aller en Italie.
Il/Elle/On va	faire du camping.
Nous allons	manger des pizzas.
Vous allez	visiter la Tour de Pise.
Ils/Elles vont	voir la ville de Lisbonne.

lire **3** **C'est quel pays?**

1 *On va manger beaucoup de pizzas et de spaghettis. Nous allons visiter Venise, Florence, Rome et la Tour de Pise.*

2 *On va faire du camping en Normandie. Nous allons visiter les plages du Débarquement, un cimetière et le Musée de la guerre '39–45.*

3 *On va visiter la maison de Shakespeare. Nous allons manger du «poisson-frites» et aller dans un salon de thé.*

4 *Je vais visiter le château de Neuschwanstein et le stade du Bayern München.*

5 *Je vais voir la ville de Lisbonne et les plages de l'Algarve.*

écouter **4** **Écoute et vérifie.**

1 
2 
3 
4 
5 
6 

parler **5 À deux. Pose des questions.**

- Qu'est-ce que c'est?
- C'est la ville de Lisbonne.
- C'est dans quel pays?
- C'est au/en …

le château de Neuschwanstein
la Tour de Big Ben
la ville de Lisbonne
l'Acropole d'Athènes
la Tour Eiffel
le Matterhorn

lire **6 Regarde les images et lis les textes. Choisis «Thomas» ou «Roxane» pour chaque image.**

1 
2 
3 
4 
5 
6 

Pendant les grandes vacances, je vais aller en Grèce. Je vais passer trois semaines chez mes grands-parents. Je vais prendre l'avion. On va visiter plein de monuments à Athènes, l'Acropole, par exemple. J'aime bien aller voir mes grands-parents parce que je peux rester sur la plage et nager dans la mer. Mon père, par contre, adore voir les monuments historiques.
Thomas

Cet été, au mois de juillet, je vais aller à Londres avec ma classe. On va voyager en car et on va rester quatre jours. Mon père dit que Londres est très cher. Pourtant, il y a plein de choses à voir. On va visiter la Tour de Londres, le Rock Circus et le château de Windsor. Ça va être super! Puis au mois d'août, je vais aller voir ma tante qui habite près de Barcelone en Espagne. Nous allons visiter le stade Olympique. Je vais rester trois semaines à Barcelone.
Roxane

écrire **7 Copie et complète.**

Cet  , je vais aller en  avec ma sœur et ma mère. On va passer  chez mes  . Ma mère va visiter les  et prendre  , mais ma sœur et moi, on préfère  des spaghettis et des pizzas tous les jours. Ça va être très  .

monuments
grands-parents
été
amusant
trois semaines
manger
des photos
Italie

écrire **8 Qu'est-ce que tu vas faire cet été? Écris un paragraphe.**

5 Rêves d'avenir

Talking about plans and dreams
Using *je voudrais* + the infinitive

lire 1 **Qu'est-ce qu'ils voudraient faire cet été? Regarde les images. Qui est-ce?**

Exemple: a Vincent

a 

b 

c 

d 

e 

Cet été, je voudrais faire du karting et visiter un parc d'attractions.
Clément

Cet été, je voudrais travailler dans la ferme de mon oncle. Il habite à la campagne. Je voudrais aussi aller à la pêche.
Romain

Cet été, je voudrais faire de la voile. Et je voudrais rencontrer beaucoup de filles sympas.
Vincent

Moi, je voudrais jouer au volley sur la plage et rencontrer beaucoup de garçons sympas.
Shazia

Moi, je voudrais faire du théâtre. Je voudrais aussi nager tous les jours.
Pierre

Expo-langue ➧ Grammaire 3.9

You can use **je** (**ne**) **voudrais** (**pas**) + infinitive to say what you would/wouldn't like to do.

Je voudrais	jouer au volley/golf/tennis.
	aller au parc d'attractions.
Tu voudrais	aller à la pêche.
Il/Elle voudrait	faire du karting/du théâtre.
	travailler dans une ferme.
Je ne voudrais pas	rencontrer des garçons/des filles.
	nager.

écouter 2 **Qu'est-ce qu'ils voudraient faire cet été? (1–7)**

Exemple: 1 a

a 
b 
c 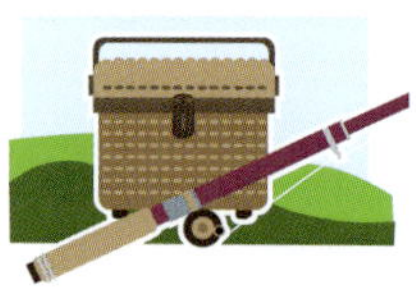
d 
e 
f 
g 

parler 3 **À tour de rôle. Qu'est-ce que tu voudrais faire cet été? Qu'est-ce que tu ne voudrais pas faire?**

a 
b 
c 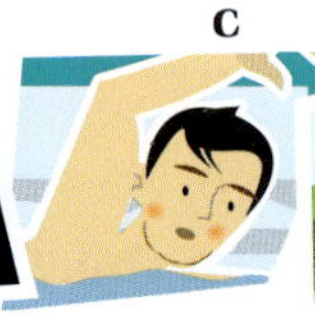
d 
e 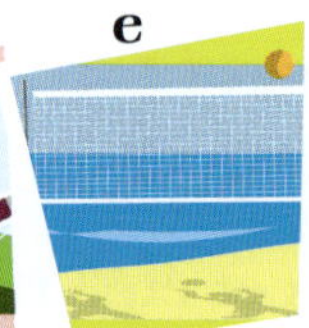
f 
g 
h 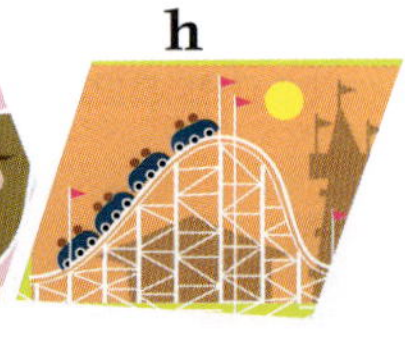

lire 4 Lis le texte de Daniel. Regarde les images. Qui est-ce? Daniel, Sébastien, Sophie ou Laurent?

Cet été, je voudrais faire plein de choses. Je voudrais rencontrer beaucoup de filles sympas, passer mes vacances sur la plage en Tunisie et faire du jet-ski avec mon père. Malheureusement, je suis trop jeune. Je voudrais aussi faire de la plongée sous-marine, prendre des photos de poissons exotiques et trouver un trésor dans un bâteau naufragé. Mon frère Sébastien, qui a vingt-deux ans, voudrait traverser le Sahara en moto avec deux copains. Ça, c'est aussi mon rêve! Ma sœur Sophie, qui a vingt ans, est coiffeuse et elle voudrait travailler comme coiffeuse dans un studio de télé et rencontrer des acteurs célèbres. Mon copain Laurent a déjà gagné beaucoup de compétitions de judo et, plus tard, il voudrait travailler comme cascadeur dans un film d'action. Ses héros sont Bruce Lee et Jackie Chan.

Daniel

le rêve = dream
naufragé = shipwrecked
le cascadeur = stuntman

1 

2 

3 

4 

5 

6 

7 

8 

lire 5 Lis le texte encore une fois. Choisis la phrase correcte.

1 Daniel voudrait aller *en Tunisie / en Allemagne*.
2 Il voudrait *jouer au foot / faire du jet-ski* avec son père.
3 Il voudrait prendre des photos *d'oiseaux exotiques / de poissons exotiques*.
4 Sébastien voudrait traverser le Sahara *en moto / en vélo*.
5 Sophie voudrait *faire de la plongée sous-marine / rencontrer des acteurs*.
6 Laurent voudrait *travailler comme cascadeur / faire de la plongée sous-marine*.

écrire 6 Quel est le rêve de Luc? Écris un paragraphe.

Je voudrais  et  en Tunisie, et faire  .

Je voudais trouver un  sous la mer et acheter une  .

Je voudrais  et  .

Je voudrais rencontrer mon héros qui s'appelle … parce que …

Je voudrais aussi … et …

Unité 1

I can

- talk about friends — *Elle est timide, mais sympa.* *Elle est membre d'un club de natation.*
- compare people — *Elle est plus/moins sportive que son frère.*
- G understand *notre* and *nos* — *notre club, nos photos*

Unité 2

I can

- say what I buy with my pocket money — *J'achète des CD.* *J'économise pour des baskets.*
- say when I buy things — *Normalement, j'achète des bonbons.*
- say what I'm saving up for — *J'économise pour un skateboard.*
- say what I never buy — *Je n'achète jamais de vêtements.*
- understand and write a simple thank-you letter — *Un grand merci pour le cadeau!*

Unité 3

I can

- describe gadgets — *Le téléphone portable est utile.* *Cette montre est démodée.*
- understand more complex prices — *Il coûte 480€.*
- give my opinion about various gadgets — *À mon avis, le baladeur mp3 est un cadeau utile et pratique.*
- G understand adjective agreements — *Cette radiocassette est démodée.*

Unité 4

I can

- understand people talking about their holiday plans — *Je vais aller en Grèce.* *On va faire du camping.*
- G use *je vais* + infinitive — *Je vais prendre l'avion.*

Unité 5

I can

- talk about things I would like to do — *Je voudrais faire de la voile et rencontrer des filles.*
- G use *je voudrais* + infinitive — *Je voudrais aller en Tunisie.*

écouter 1

Qu'est-ce qu'ils achètent avec leur argent de poche? Choisis deux lettres pour chaque réponse. (1–5)

parler 2

Interviewe ton/ta partenaire.

- Qu'est-ce que tu achètes avec ton argent de poche?
- Est-ce que tu économises ton argent?
- Donne ton opinion sur les gadgets suivants.

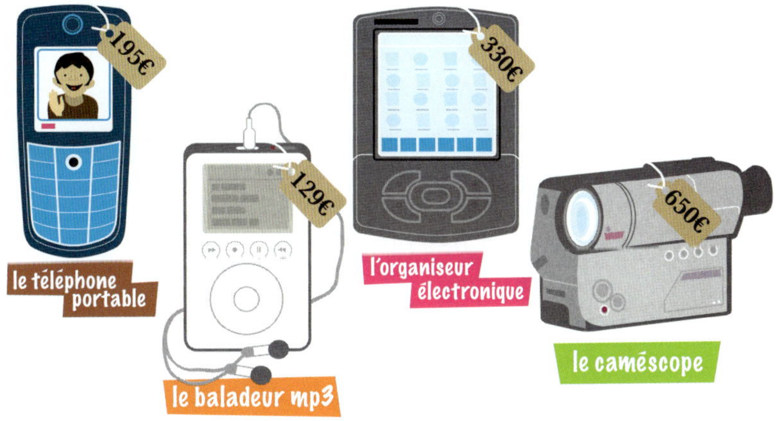

lire 3

C'est la grand-mère d'Emma ou le père de Thomas? Écris G ou P.

Pour mon père, on va acheter un appareil photo numérique parce qu'il aime prendre des photos. Il est sportif, sympa, mais des fois un peu strict. Cet été, il va passer trois semaines en Écosse où il va jouer au golf.
Thomas

On va acheter un téléphone portable pour ma grand-mère. Elle est bavarde et elle aime téléphoner. Elle aime jouer aux cartes et elle a beaucoup d'amies. Cet été, elle va aller aux États-Unis avec son club de bridge. Avec son téléphone portable, elle va pouvoir téléphoner pour dire «Coucou! Je suis à New York». Génial, non?
Emma

1 Qui va jouer au golf cet été?
2 Qui aime le sport?
3 Qui est sociable?
4 Qui est gentil?
5 Qui adore téléphoner?
6 Qui va aller aux États-Unis?
7 Qui va jouer aux cartes?
8 Qui aime parler?
9 Qui va en Écosse?
10 Qui aime prendre des photos?

écrire 4

Qu'est-ce que tu voudrais faire cet été? Écris six phrases.

Je voudrais ...

À la Maison des Jeunes

M.J.C Maison de la Jeunesse et de la Culture
Voici notre Maison des Jeunes

lire 1 **Vrai ou faux?**

1 On peut fumer à la M.J.C.
2 Le centre est ouvert aux jeunes de douze à seize ans.
3 Il y a des distributeurs de cigarettes.
4 Il y a un bar pour les boissons alcoolisées.
5 La M.J.C est ouverte le dimanche soir.
6 La M.J.C est fermée le lundi.
7 Le centre est fermé le mercredi soir après sept heures.
8 Il y a un ordinateur et une télévision.
9 Il n'y a pas de cinéma.
10 Il y a une piscine.

Maison des Jeunes

Heures d'ouverture
mer: 14h à 19h
ven: 17h à 21h
sam: 14h à 22h30
Pour les 12 à 16 ans.
Activités: baby-foot, billard, salle TV/vidéo, jeux vidéo, tennis de table, espace-snack / Internet (bar sans alcool) / jeux de société, échecs.
+ programme de sorties et d'activités culturelles et sportives
Il est strictement interdit de fumer.

ouvert(e) = open | un distributeur de cigarettes = a cigarette machine | fermé(e) = closed

parler 2 **À tour de rôle. Qu'est-ce qu'on (ne) peut (pas) faire à la M.J.C? Fais des phrases. Regarde l'affiche.**

On peut … /On ne peut pas …

- regarder des films
- boire de la bière
- jouer aux jeux vidéo
- fumer
- surfer sur Internet
- acheter des sodas/des hot-dogs/des sandwichs
- boire du cidre
- manger des glaces
- jouer aux échecs/au billard
- jouer de la guitare/de la batterie

écouter 3 **Écoute cette annonce publicitaire (deux ou trois fois) et réponds aux questions en anglais.**

1 How old do you have to be to go to the youth club? (2)
2 What date will it open? (2)
3 What is its number in the rue Giradoux?
4 What time is the grand opening?
5 List six activities that are offered.
6 What times will it be open? (2)
7 Which evening will it be closed?

Petit Dico SMS

a à demain
b à lundi
c à plus tard/ à plus
d bien sûr
e bonjour
f bonsoir
g Comment ça va?
h d'accord
i désolé

j impossible
k J'espère que tu vas bien.
l Qu'est-ce que c'est?
m Réponds, s'il te plaît.
n salut
o Moi, je vais bien.
p Tu viens demain?
q vraiment

écouter **4** **Écoute et repère l'expression dans la liste ci-dessus. (1–10)**
Listen and spot the expression from the list above.

Exemple: **1** n

lire **5** **Copie la bonne phrase «texto».**

1 really
2 Are you coming tomorrow?
3 Hi!
4 Me, I'm fine.
5 OK.
6 impossible
7 How's it going?
8 See you tomorrow.
9 See you later.
10 Sorry.

écrire **6** **Écris une conversation. Les mots en gras viennent du Petit Dico SMS.**

Salut! Comment ça va? *Tu veux venir au cinéma ce soir?*

Désolé(e). *J'ai trop de devoirs.*

Tu es sûr?

Oui, ***impossible!***

Demain?

Oui, ***d'accord!***

19h devant le ciné?

OK. ***À demain.***

La page des blagues

lire 1 **Lis les blagues. C'est quelle image?**

a

b

c

1
Toto a perdu son chien.
Papa: *Ce n'est pas grave. On va mettre une annonce dans le journal.*
Toto: *Mais papa, mon chien ne sait pas lire!*

2
Toto: J'ai fait un puzzle en trois heures, et sur la boîte, c'est marqué de 4 à 7 ans!

3
Maman: *Toto, as-tu changé l'eau du poisson rouge?*
Toto: *Non, maman, il n'a pas encore tout bu!*

4
La famille de Toto est en train de manger.
Toto: *Papa, est-ce que les fraises ont des pattes?*
Papa: *Bien sûr que non, Toto.*
Toto: *Alors, papa, tu as mangé un insecte!*

d

5
Que dit le gros citron au petit citron?
Il ne faut pas être pressé!

6
Un père: *Tu travailles mal à l'école. À ton âge, Abraham Lincoln était le premier de sa classe.*
Son fils: *À ton âge, papa, il était Président des États-Unis!*

7
– Mes voisins de l'étage du dessus sont insupportables!
– *Pourquoi?*
– Hier, à deux heures du matin, ils ont frappé sur le plancher pendant une heure!
– *Tu étais au lit?*
– Non, heureusement, j'étais en train de jouer de la trompette!

e

f

g

lire 2 **Voici la fin de cinq blagues. C'est quel numéro?**

a Well then, Dad, you've eaten an insect!
b No. Fortunately, I was in the middle of playing the trumpet!
c At your age, Dad, he was President of the United States!
d But, Dad, my dog doesn't know how to read!
e But mum, he hasn't drunk it all yet!

lire 3 **Trouve le mot.**

1 Un fruit rouge.
2 Les pieds d'un animal ou d'un insecte.
3 Les personnes qui habitent près de chez vous.
4 Le «Daily Mirror» ou «le Parisien».
5 Un fruit jaune.

parler 4 **À deux. Lis les blagues à haute voix. Joue un sketch devant ta classe.**
In pairs. Read the jokes aloud. Act out a sketch in front of the class.

écouter 5 **Lis, écoute et chante!**

La chanson du robot triste

Je suis un robot
Je suis une machine
Mais je suis programmé
Pour faire le café.

Je suis intelligent
Je suis technochampion
Mais je suis programmé
Pour passer des CD.

[Refrain]
Je suis une merveille
Je suis fantastique
Mais je ne suis qu'un appareil
Domestique.

Je suis un ordinateur
Je suis un super-professeur
Mais je suis programmé
Pour faire le déjeuner.

Je suis fort en informatique
Je suis fort en physique
Mais je suis programmé
Pour chanter et danser.

[Refrain]

Je suis le meilleur
Je suis une vedette
Mais je suis programmé
Pour allumer la télé.

Je suis un génie
Mais je n'ai pas d'amis
Je suis programmé
Sans personnalité.

[Refrain]

La personnalité — *Personality*

Il est bavard.	*He is chatty.*
Elle est bavarde.	*She is chatty.*
actif (active)	*active, lively*
autoritaire	*bossy*
calme	*calm*
fort(e)	*strong*
fort(e) en	*good at*
généreux (généreuse)	*generous*
grand(e)	*tall, big*
intelligent(e)	*intelligent, clever*
marrant(e)	*funny*
petit(e)	*small*
sociable	*sociable*
sportif (sportive)	*sporty*
stupide	*stupid*
sympa	*nice, kind*
timide	*shy*

Les comparaisons — *Comparing things*

Yasmina est plus sportive que Coralie.	*Yasmina is more sporty than Coralie.*
Elle est moins grande que Coralie.	*She isn't as tall as Coralie.*
le meilleur joueur	*the best player*
notre/nos	*our*
voici	*here is*
nos copains	*our friends*

Mon argent de poche — *My pocket money*

J'achète …	*I buy …*
J'économise pour …	*I'm saving up for …*
des baskets	*trainers*
des bonbons	*sweets*
des cadeaux	*presents*
des CD	*CDs*
des chocolats	*chocolates*
des DVD	*DVDs*
du matériel scolaire	*things for school*
des jeux de console	*console games*
des magazines	*magazines*
du maquillage	*make-up*
un skateboard neuf	*a new skateboard*
Je n'achète jamais de …	*I never buy …*
vêtements	*clothes*
un jeu pour PC	*a computer game*
un jeu pour Gameboy	*a Gameboy game*
un jeu de société	*a board game*
un lecteur karaoké	*a karaoke machine*
une voiture radiocommandée	*a radio-controlled car*
un paquet de classeurs	*a pack of folders*
Ça coûte 54 euros.	*It costs 54 euros.*

Les gadgets — *Gadgets*

le téléphone portable	*mobile phone*
le baladeur mp3	*mp3 player*
la manette	*gamepad (for console games)*
l'organiseur électronique	*PDA (electronic organiser)*
le caméscope	*camcorder*
le clavier électronique	*electronic keyboard*
l'appareil photo numérique	*digital camera*
la montre	*watch*
la radiocassette	*radio-cassette player*

Projets d'avenir — *In the future*

cet été	*this summer*
Je vais …	*I'm going to …*
On va …	*We're going to …*
aller en Italie	*go to Italy*
passer deux semaines	*spend two weeks*
rester chez mes grands-parents	*stay with my grandparents*
faire du camping	*go camping*
visiter des monuments	*visit the sites*
C'est dans quel pays?	*Which country is it in?*
C'est au/en …	*It's in …*
en Suisse	*in Switzerland*
en Grèce	*in Greece*

Les descriptions | *Describing things*

C'est …	*It's …*
compliqué(e)	*complicated*
cher (chère)	*dear, expensive*
démodé(e)	*old-fashioned*
élégant(e)	*smart*
génial(e)	*fantastic/great*
marrant(e)	*amusing, funny*
nul(le)	*rubbish*
parfait(e)	*perfect*
pratique	*practical*
utile	*useful*
Ce n'est pas mal.	*It's not bad.*

Mes rêves | *My dreams*

Je voudrais …	*I'd like to …*
faire du karting	*go karting*
visiter un parc d'attractions	*visit a theme park*
aller à la pêche	*go fishing*
faire du théâtre	*act*
faire de la voile	*go sailing*
jouer au volley	*play volleyball*
rencontrer beaucoup de garçons/filles sympas	*meet lots of nice boys/girls*
faire du jet-ski	*go jet-skiing*
faire de la plongée sous-marine	*go scuba-diving*
travailler à la ferme	*work on the farm*

Stratégie 6

Impress a French person – show how much you know!

Sometimes it's easy to forget how much you really can say and write in French. For example, by the end of this book, you can use a French infinitive with lots of different verbs to express a range of feelings, desires and intentions.

Take the phrase *faire les devoirs*. You can use *J'aime, J'adore, Je préfère, Je veux, Je peux, Je dois, Je vais* and *Je voudrais* to say that you like or love doing your homework, you prefer or want to do it, you can do It, you have to do it, you're going to do it or you'd like to do it. Or not, as the case may be (don't forget to add *ne … pas*)!

First of all, write out all these phrases. Then use another infinitive or phrase with an infinitive to make up some different sentences.

Then show off to a French person!

Turn to page 155 to remind yourself of the *Stratégies* you learnt in *Expo 1*.

lire 1 Copie et complète la grille en anglais.

Copy and complete the table in English.

	Name	Age	Eyes	Hair	Lives in
1					
2					
3					
4					

1 Je m'appelle Luc et j'ai treize ans. J'ai les yeux bleus et les cheveux noirs. J'habite à Bordeaux.

2 Je suis Virginie. J'ai quatorze ans et j'habite à Paris. J'ai les cheveux roux et les yeux marron.

3 Je m'appelle Sahlia et j'habite à Toulouse. J'ai les cheveux noirs et les yeux verts. J'ai neuf ans.

4 Je suis Édouard et j'ai douze ans. J'ai les yeux verts et les cheveux blonds. J'habite à Marseille.

écrire 2 Copie et complète pour toi.

Copy and complete for you.

Je m'appelle ___ et j'ai ___ ans.
J'ai les yeux ___ et les cheveux ___.
J'habite à ___.

lire 3 Quel temps fait-il? Trouve le bon symbole.

What's the weather like? Find the correct symbol.

Exemple: **1** c

a b c d e f g h

1 Dans le sud, il fait chaud.
2 Il y a du vent dans l'est.
3 Dans l'ouest, il neige.
4 Il y a du soleil dans le nord.
5 Dans le centre, il fait froid.
6 Il pleut dans le centre aussi.

écrire 4 Quel temps fait-il dans chaque région?

What's the weather like in each region?

Exemple: Dans le nord, il pleut.

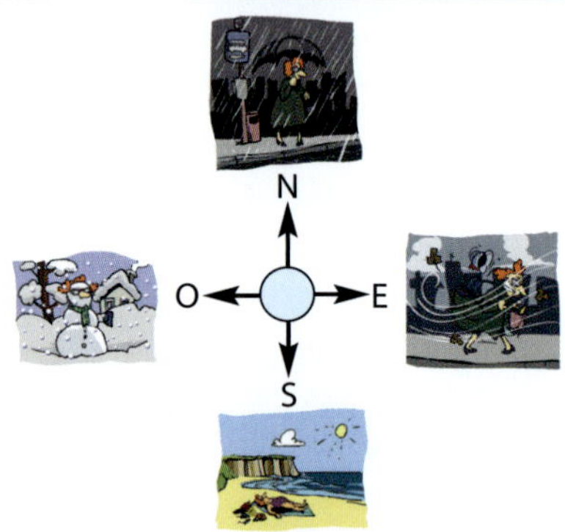

lire 1 Complète les phrases.

au chômage | infirmier | secrétaire | coiffeur | professeur

1 Mon père est ▬ et il travaille dans un hôpital.
2 Ma sœur travaille dans un collège où elle est ▬.
3 Mon frère travaille dans un salon de coiffure parce qu'il est ▬.
4 Mon beau-père ne travaille pas. Il est ▬ ▬.
5 Ma mère, qui est ▬, travaille dans un bureau.

lire 2 Copie et complète la carte d'identité.

Mon demi-frère s'appelle Gérard et il habite avec mon père et ma belle-mère à Lille dans le nord de la France. Il a onze ans, il est très actif et assez amusant. Il aime la musique hip-hop et le vélo, mais il n'aime pas le collège. Il collectionne les posters de David Beckham et il joue au foot. Il est assez petit, il a les yeux verts et les cheveux bruns.

Carte d'identité

Prénom:
Habite:
Âge:
Caractère:
Aime:
N'aime pas:
Collectionne:
Joue:
Description physique:

écrire 3 Écris un paragraphe sur Paul.

Prénom:	Paul
Habite:	Marseille
Âge:	15 ans
Caractère:	timide, sportif
Aime:	la musique, le ski
N'aime pas:	la télé
Collectionne:	les jeux vidéo
Joue:	au basket
Description physique:	cheveux bruns, yeux marron

lire 1 Qu'est-ce qu'il aime faire et qu'est-ce qu'il n'aime pas faire? Lis le texte, puis copie et remplis la grille.

Le week-end, j'aime jouer à l'ordinateur, faire du vélo et regarder la télé, et j'aime aussi retrouver mes amis. Je n'aime pas faire de skate; je n'aime pas aller en ville: je préfère rester à la maison. Je n'aime pas nager et je déteste la lecture.

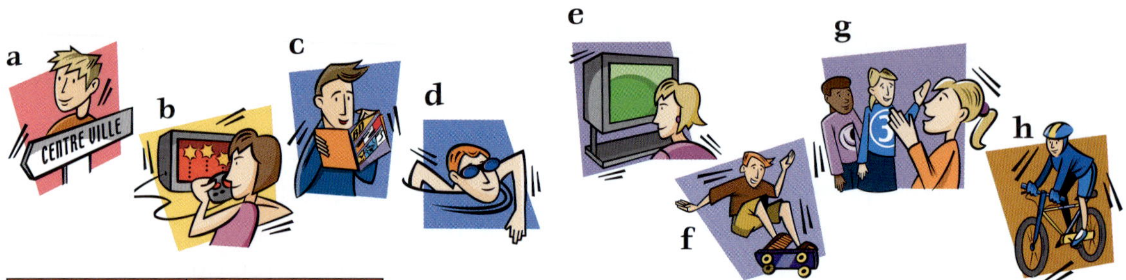

☺	☹
b	

lire 2 C'est quelle émission?

1 Ça commence à dix-neuf heures trente-cinq.
2 Une série qui commence à vingt heures vingt-cinq.
3 Une émission qui finit à dix-huit heures dix.
4 Un jeu télévisé.
5 Une émission qui commence à dix-huit heures quarante.

LUNDI	CANAL +
17.40	L'homme le plus fort
18.10	Questions pour un champion
18.40	Le Prince de Bel Air
19.35	Star Academy
20.25	Malcolm

commencer à = to start at
finir à = to finish at

écrire 3 Que fais-tu le week-end?

Exemple: Samedi matin, je joue au basket.
Samedi après-midi, je ...

Je joue	au basket. au tennis. aux jeux vidéo.
Je fais	de la natation. du canoë. mes devoirs.

lire 1 C'est le texte de Farid, Hassan ou Stéphane?

Exemple: a Hassan

J'aime rencontrer mes amis en ville. Nous aimons jouer au foot dans le parc le samedi après le collège. Nous n'aimons pas rester à la maison. C'est ennuyeux! **Farid**

J'ai deux copains, Serge et Vincent. Nous aimons faire du vélo le dimanche, par exemple. Ma sœur et ses copines adorent chanter et faire de la danse. À mon avis, c'est nul! **Stéphane**

J'aime jouer au billard avec mes copains et mes copines. Nous jouons le mercredi après-midi et le samedi soir. Les BD? Non, merci. C'est pour les enfants. **Hassan**

lire 2 Qu'est-ce qu'ils ont fait? À quelle heure?

Exemple: 1 c, 20h, …

15:30 | 17:00 | 17:30

19:00 | 19:15 | 20:00

20:30 | 21:00

1 Hier soir, j'ai regardé *EastEnders* à vingt heures. C'était passionnant! Puis j'ai fait mes devoirs à vingt heures trente.

2 Hier, j'ai joué au foot à dix-sept heures. Puis à dix-neuf heures, j'ai joué à ma Playstation 2.

3 Moi, j'ai mangé une pizza à dix-neuf heures quinze. Puis j'ai joué aux cartes avec mon père à vingt et une heures. J'ai gagné!

4 Dimanche, j'ai téléphoné à ma grand-mère à quinze heures trente; après, à dix-sept heures trente, j'ai écouté de la musique.

écrire 3 Copie et complète le paragraphe.

1 J'ai  .
Puis, j'ai  .

2 Après, j'ai 
avec mon père.

3 J'ai .

4 Puis j'ai .
Je n'ai pas .

5 Et enfin, j'ai .

lire 1 Qui parle?

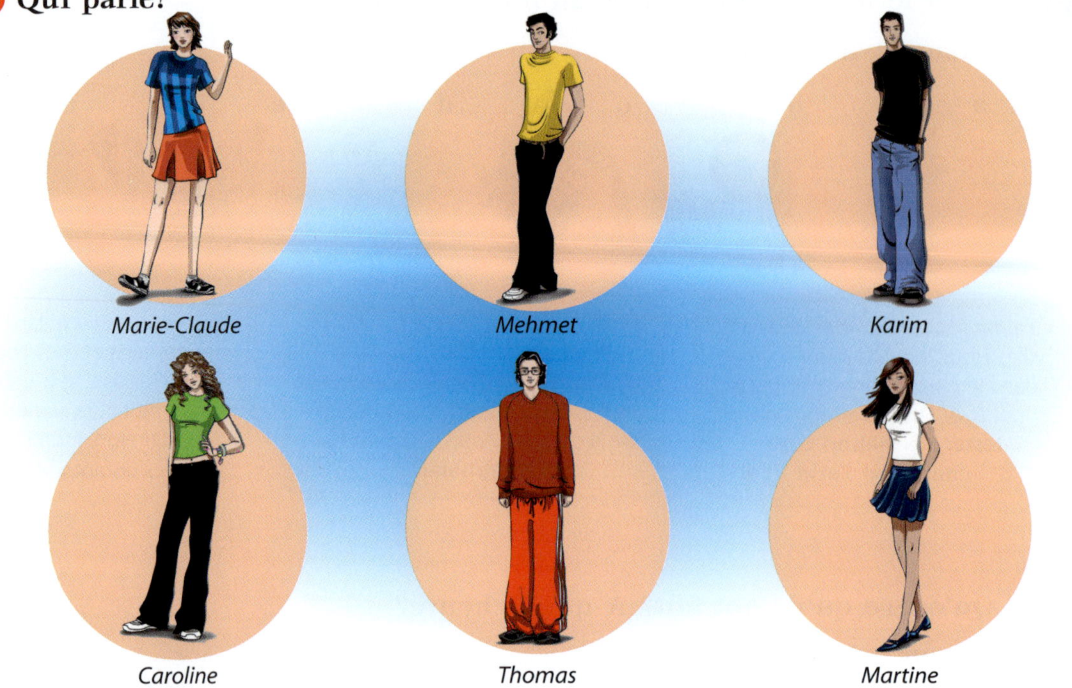

1 Je vais porter un pantalon noir, un tee-shirt jaune et des baskets blanches.
2 Je vais porter un jogging rouge, un pull rouge et des baskets noires.
3 Je vais porter une jupe bleue, un tee-shirt blanc et des chaussures bleues.
4 Je vais porter un jean bleu, un tee-shirt noir et des chaussures noires.
5 Je vais porter un pantalon noir, un tee-shirt vert et des baskets blanches.
6 Je vais porter une jupe rouge, un maillot de foot bleu et des baskets noires.

écrire 2 Qu'est-ce que tu vas porter?

Exemple: 1 Je vais porter un pantalon vert, ...

1

2

lire 1 Copie et complète la grille.

Ce soir, je veux jouer au tennis avec mes copains, mais je dois faire mes devoirs et puis promener le chien. **Didier**

Dimanche après-midi, je veux faire du patin à glace et puis aller au bowling, mais malheureusement, je dois rester à la maison et laver la voiture de ma grand-mère. Ce n'est pas juste! **Thierry**

Ce week-end, je veux faire une promenade avec mes amis, et après, je veux aller à une fête chez Louise. Mais mes parents disent que je dois faire les courses avec ma mère et je dois ranger ma chambre. **Benjamin**

Prénom	Veut	Doit
Didier	i	
Thierry		
Benjamin		

e 

f 

a 

b 

c 

d 

g 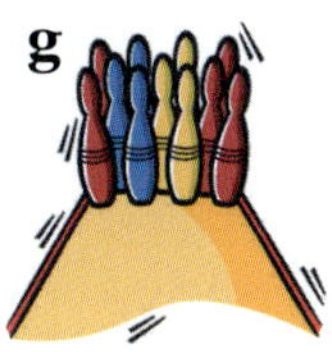

h 

i 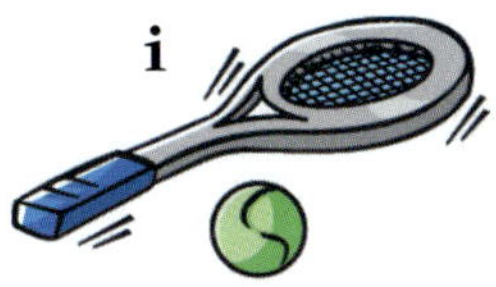

j 

k 

écrire 2 Écris des phrases.

Exemple: **Lundi,** je veux **voir un film,** mais je ne peux pas parce que je dois **promener le chien.**

Jour	Je veux …	Je dois …
lun.		
mar.		
mer.		
jeu.		

lire 1 C'est le plateau de qui?

Whose tray is it?

Je mange du poisson avec de la salade verte comme plat principal. Je bois du jus d'orange. J'aime les fruits, donc je prends du melon comme entrée et une pomme. **Olivier**

Je mange des crudités, des pâtes avec de la sauce tomate, et comme dessert, je prends du fromage. Je bois du jus d'orange. **Ludovic**

Je mange du poulet avec des carottes et des petits pois. Puis un yaourt et, comme entrée, du pâté. Je bois de l'eau. **Chloé**

Moi, je mange des carottes, de la quiche et une mousse au chocolat. Je bois de l'eau. **Sandra**

écrire 2 Copie et complète les mots.

1  J'adore les c _ r é _ l _ _ .

2  Je prends une t a _ _ _ _ _ avec de la confiture.

3  J'aime le p _ _ _ g _ _ l _ é avec du Nutella.

4 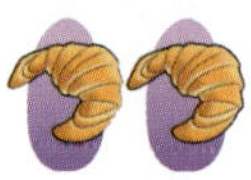 Les c _ _ _ s s _ _ _ s sont délicieux!

5  J'aime boire du c h _ _ _ _ a _ c _ a _ d.

6  J'aime aussi le j _ _ d'_ _ _ _ _ _ .

7  Je n'aime pas le _ _ _ _ .

écrire 3 Qu'est-ce que tu aimes manger et boire?

Exemple: a J'aime les céréales.

lire 1 **Qu'est-ce qu'il manque dans chaque panier?**
What's missing from each basket?

a

500 g de tomates
1 paquet de biscuits
1 paquet de bonbons
une bouteille de ketchup
1 brique de lait
1 boîte de haricots blancs
1 paquet de chips

b

4 yaourts
6 œufs
un pot de confiture
300 g de fromage
une baguette
1 litre d'eau
2 paquets de chips

lire 2 **Lis l'invitation et les phrases. Vrai ou faux?**

1 Il faut aller dimanche chez Nadine.
2 Il faut arriver à sept heures du soir.
3 Il faut partir à huit heures.
4 Il ne faut pas aller à l'appartement numéro 6.
5 Pour confirmer, il faut téléphoner au 05 12 34 66 78.
6 Il ne faut pas aller à Biarritz.
7 Il ne faut pas dire «Joyeux anniversaire» à Nadine.
8 Il faut porter des vêtements comme Lara Croft.

écrire 3 **Écris une invitation et écris trois phrases avec «il faut» et trois phrases avec «il ne faut pas».**

écrire 1 Écris des phrases pour chaque personne.

Exemple: Je m'appelle Martina. J'habite en Allemagne. Je parle allemand.

lire 2 Relie chaque question à une réponse.

1	Où vas-tu?	**a**	Avec Paul.
2	Pourquoi?	**b**	En train.
3	Avec qui?	**c**	En Italie.
4	Quand?	**d**	En septembre.
5	Comment voyages-tu?	**e**	Deux semaines.
6	Pour combien de temps?	**f**	Pour y passer des vacances.

écrire 3 Écris des phrases.

Exemple: **1** Je vais en Espagne en avion.

1 

2 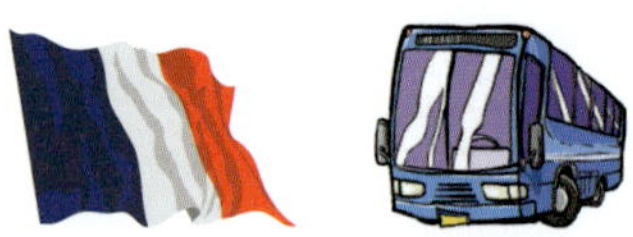

3 

4 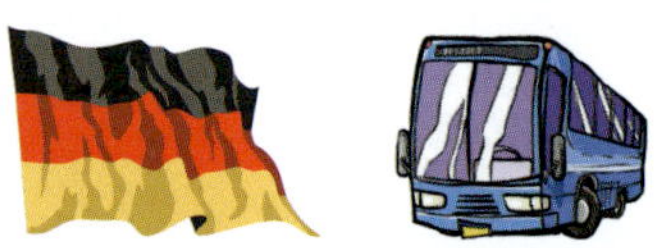

5 

6 

7 

8 

lire **1** **Lis l'e-mail pour l'office de tourisme de York. Puis réponds aux questions en anglais.**

> Monsieur/Madame,
> Je viens passer une semaine à York, du 6 au 13 juillet. Je voudrais un plan de la ville, une carte de la région et une liste d'activités, s'il vous plaît.
> Est-ce qu'on peut visiter la cathédrale tous les jours? De plus, est-ce qu'il y a une banque française dans la région de York? Et une dernière question: quelles sont les heures d'ouverture du musée des transports?
> Merci beaucoup
>
> Philippe Duval

1 When is Mr Duval coming to York?
2 How long is he staying?
3 What three things does he want from York tourist information centre?
4 What three questions does he ask?

écrire **2** **Les vacances. Remplis les blancs dans l'interview.**

- ▬ est-ce que tu passes tes vacances d'habitude?
- Je passe mes vacances au bord de la mer, en France ou en ▬.
- Avec ▬?
- Avec ma famille, d'habitude.
- ▬ voyagez-vous?
- On voyage ▬ voiture ou en train.
- Qu'est-ce que tu ▬ pendant les vacances?
- Je vais à la ▬, je joue au tennis et je fais du ▬.
- Qu'est-ce que tu ▬? Le collège ou les vacances?
- À mon ▬, les vacances sont plus amusantes que le collège!

préfères | Où | avis | fais | qui | en | Comment | plage | vélo | Espagne

écrire **3** **Écris une conversation sur quelqu'un qui préfère passer les vacances à la montagne. Invente d'autres détails.**

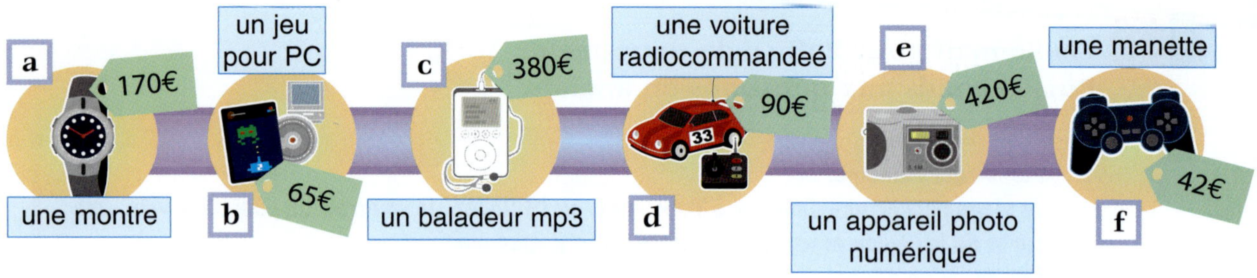

lire 1 C'est quel objet? Écris la lettre.

1 Il est cher: plus de quatre cents euros!
2 Elle est moins chère que le jeu pour PC.
3 Elle coûte quatre-vingt-dix euros.
4 Elle coûte cent soixante-dix euros.
5 C'est pour quelqu'un qui aime jouer à la console.
6 C'est pour quelqu'un qui aime écouter de la musique.

lire 2 Choisis des cadeaux pour Samuel.

Nom:	Samuel Zamiti
Âge:	13 ans
Domicile:	Sousse (en Tunisie)
Langue(s) parlée(s):	arabe, français
Aime:	la musique, le cinéma, les cartes, son ordinateur
N'aime pas:	le rugby
Il achète:	des CD, des DVD
Matière(s) préférée(s):	le dessin
En été:	faire de la voile

écrire 3 Copie et complète le paragraphe.

Samuel a ▬ ans. Il vient de ▬ et il habite à Sousse.
Il parle deux ▬: l'arabe et le ▬.
Il aime la musique, ▬ aux ▬ et aller au ▬.
Il adore ▬ à l'ordinateur.
Il n'aime ▬ le rugby. Avec son argent de poche, il ▬ des DVD.
Sa matière préférée est le ▬. En été, il va ▬ de la voile.

pas | faire | treize | achète | français | jouer | jouer | cartes | cinéma | langues | Tunisie | dessin

lire 1 **Lis la conversation. Copie la fiche d'identité et remplis les blancs.**

Prénom: Omar
Domicile: Fort de France, en ……
Langue(s) parlée(s): le créole, …….
Aime: la natation, la plongée, prendre ……
N'aime pas: la pluie, rester ………
Achète: du matériel de ……….
Pays visité: la ……….
En été: prendre des photos sous ……

- ■ Comment t'appelles-tu?
- ● Omar.
- ■ Tu viens d'où?
- ● Je viens de Martinique. J'habite dans la capitale, Fort de France.
- ■ Tu parles quelles langues?
- ● Le français et le créole.
- ■ Qu'est-ce que tu aimes faire?
- ● J'aime nager et faire de la plongée. J'aime aussi prendre des photos et rencontrer des gens.
- ■ Qu'est-ce que tu n'aimes pas?
- ● Je n'aime pas la pluie et je n'aime pas rester à la maison.
- ■ Qu'est-ce que tu achètes avec ton argent de poche?
- ● Du matériel de photo.
- ■ Tu as déjà visité la France?
- ● Oui. Une fois. Il faisait froid. C'était affreux!
- ■ Qu'est-ce que tu vas faire cet été?
- ● Je vais faire de la plongée et prendre des photos sous-marines.

lire 2 **Lis la conversation encore une fois et choisis la bonne phrase.**

1 Omar habite en *France/Martinique.*
2 Il parle *deux/trois* langues.
3 Il aime les sports *nautiques/d'équipe.*
4 Il est *timide/sociable.*
5 Il n'aime pas *le mauvais temps/le soleil.*
6 Il *a aimé/n'a pas aimé* la France.

écrire 3 **Écris un paragraphe sur Omar. Utilise tes réponses de l'exercice 2.**

Grammaire

Glossary of grammatical terms

SECTION 1 **Nouns and pronouns**

1.1 Gender
1.2 Singular/plural
1.3 The definite article
1.4 The indefinite article
1.5 The partitive article
1.6 Subject pronouns
1.7 Relative pronouns

SECTION 2 **Adjectives**

2.1 Position of adjectives
2.2 Agreement of adjectives
2.3 Possessive adjectives
2.4 Comparatives and superlatives

SECTION 3 **Verbs**

3.1 The infinitive
3.2 The present tense
3.3 The present tense of regular **-er** verbs
3.4 The present tense of regular **-ir** and **-re** verbs
3.5 The present tense of irregular verbs
3.6 The present tense of reflexive verbs
3.7 Negatives
3.8 Question forms
3.9 Verbs with the infinitive
3.10 The near future tense
3.11 The perfect tense
3.12 **C'était** and **il y avait**

SECTION 4 **Structural features**

4.1 Prepositions
4.2 Intensifiers
4.3 Connectives
4.4 **Depuis**
4.5 **Il faut**

SECTION 5 **Extras**

5.1 The alphabet
5.2 Accents
5.3 Numbers
5.4 Days
5.5 Dates
5.6 Times

VERB TABLES

Regular verbs (**-er**, **-ir** and **-re**)
Reflexive verbs
Key irregular verbs (**aller**, **avoir**, **être** and **faire**)
Other irregular verbs

Glossary of grammatical terms

Examples for each term are given in *italics*.

adjective a describing word (*rouge, petite, intéressants*). The words for 'my', 'your', etc. are **possessive adjectives**.

adverb a word used to describe an action (*vite, souvent*)

article the word 'a', 'some' or 'the' before a noun. (*un/une/des, le/la/les*)

connective a word used to join phrases or sentences (*mais, parce que*)

gender tells you whether a noun is masculine or feminine (*un crayon* is masculine, *une gomme* is feminine)

imperative the verb form you use when you are telling someone to do something (*copie et complète, levez-vous*)

infinitive the original, unchanged form of the verb, which you find in the dictionary (*parler* 'to speak', *avoir* 'to have')

intensifier a word or phrase placed before an adjective to make it stronger or weaker (*très, un peu*)

irregular verb a verb which does not follow the set rules of the main verb types but has its own pattern (*faire, être*)

noun a word which names a thing or a person (*stylo, mère*)

plural referring to more than one person or item (*les chats, nous, trois pommes*)

preposition a word used to show where someone or something is (*sur, à,* etc.) or to show possession (*de*)

pronoun a word which stands in place of a noun (*elle, tu*)
A **subject pronoun** tells you who or what does an action.

reflexive verb a verb which includes a pronoun before the verb (*se coucher*)

regular verb a verb which follows the rules/pattern of the main verb types (*-er* verbs, *-ir* verbs, *-re* verbs)

singular referring to only one person or item (*un oiseau, tu*)

tense relating to verbs, showing when the action takes place (e.g. the present tense, the perfect tense)

verb a word used to say what is being done or what is happening (*acheter, être*)

SECTION 1 Nouns and pronouns

1.1 Gender

A noun is a word which names a thing or a person.

All nouns in French are masculine or feminine.

Masculine	Feminine
le sandwich	la pizza
un sandwich	une pizza

For most nouns, you have to learn the gender when you learn the new word.
In the dictionary, you will see (m) or (f) after the noun.

Copy these nouns and use the glossary to find out if they are masculine or feminine

1 cahier
2 radio
3 salade
4 ordinateur
5 hôtel
6 vélo
7 guitare
8 souris
9 chat
10 usine

As in English, some job nouns change to show the gender of the person doing them;
serv**eur** – *waiter*
serv**euse** – *waitress*

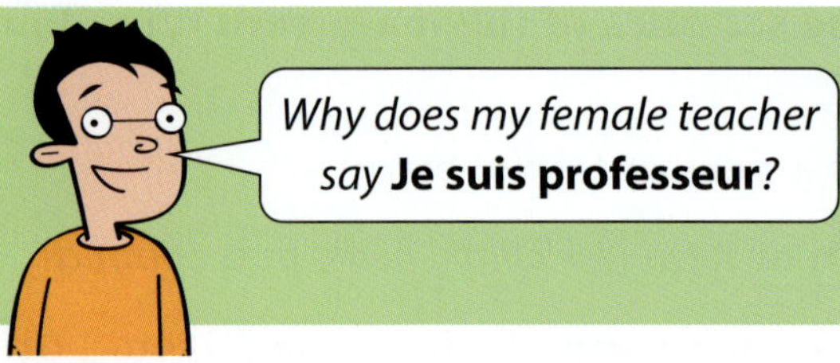

Some jobs don't change:

Il est profess**eur.**	*He is a teacher.*
Elle est profess**eur.**	*She is a teacher.*

Choose the right form of each noun.

1 Il est (serveur/serveuse).
2 Elle est (vendeuse /vendeur).
3 Il est (électricienne/électricien).
4 Elle est (mécanicien/mécanicienne).
5 Elle est (infirmière/infirmier).

1.2 Singular/plural

A noun is singular if it refers to only one person or thing, and plural if it refers to more than one.
Most nouns form their plural by adding **-s**.

la ville (singular) → les ville**s** (plural)

Words ending in **-eau** add **-x**.	un château → des châteaux
Words ending in **-al** change to end in **-aux**.	un animal → des animaux

Make these plural.

1 semaine → deux ____
2 village → trois ____
3 magasin → quatre ____
4 collège → cinq ____
5 professeur → six ____
6 café → sept ____
7 cheval → huit ____
8 hôpital → neuf ____
9 bureau → dix ____
10 gâteau → onze ____

1.3 The definite article

The definite article is *the*. There are three words for *the* in French:

le (before masculine words)	**le** sandwich
la (before feminine words)	**la** pizza
les (before plural words)	**les** sandwichs, **les** pizzas
le and **la** become **l'** before a vowel or **h**	l'omelette

You use the definite article before nouns when talking about likes and dislikes.
Je n'aime pas **le** sport.

1.4 The indefinite article

The indefinite article is *a* (or *some* in the plural). There are two words for *a* in French:

un (before masculine nouns)	→	**un** village – *a village*
une (before feminine nouns)	→	**une** ville – *a town*
des (before plural nouns)	→	**des** villages – *some villages, villages*

When you are talking about jobs people do, you do not use the indefinite article.
Mon père est mécanicien.

Copy the following and add **un** or **une** if necessary.

1 Mon père travaille dans _____ bureau.
2 Mon oncle a _____ maison à la campagne.
3 Il y a _____ magasin dans le village.
4 Mon frère est _____ coiffeur.
5 J'ai _____ sœur.
6 J'ai _____ ordinateur dans ma chambre.
7 Mon frère a _____ voiture.
8 Emma est _____ fille.
9 Dan est _____ garçon.
10 Un compact disque? C'est _____ CD.

1.5 The partitive article

The partitive article is used when talking about a quantity of something, and means *some*. Use:

du (before masculine nouns)	**du** coca	*some Coke*
de la (before feminine nouns)	**de la** limonade	*some lemonade*
des (before plural nouns)	**des** chips	*some crisps*
de l' (before nouns which begin with a vowel or **h**)	**de l'**Orangina	*some orangina*

Fill in the right word(s) for *some*.

1 ______ confiture (f)
2 ______ frites
3 ______ papier (m)
4 ______ chewing-gum (m)
5 ______ devoirs

1.6 Subject pronouns

A pronoun stands in place of a noun in a sentence. Subject pronouns tell you who or what does an action.

je	*I*
tu	*you* (child, young person, someone you know well)
il	*he*, *it* (masculine noun)
elle	*she*, *it* (feminine noun)
on	*we*, *one*
nous	*we*
vous	*you* (more than one person, someone you don't know well)
ils	*they* (males/mixed group/masculine nouns)
elles	*they* (females/feminine nouns)

1.7 Relative pronouns

Relative pronouns join two sentences. **Qui** is a relative pronoun. It means *who* or *which*.

J'ai une chambre. **Elle** est petite. → J'ai une chambre **qui** est petite.
*I have a bedroom. **It** is small. → I have a bedroom **which** is small.*

SECTION 2 Adjectives

2.1 Position of adjectives

Most adjectives come **after** the noun they are describing.

une veste **rouge** — *a* **red** *jacket*

Some short common adjectives come before the noun:

petit grand nouveau bon joli

un **grand** livre rouge — *a big red book*

Unjumble the phrases.

1 garçon un intelligent
2 verte chemise une
3 des délicieux chocolats
4 village le grand
5 pullover mon nouveau bleu

2.2 Agreement of adjectives

Adjectives change according to whether the noun being described is masculine or feminine, singular or plural. This is called agreement.

For feminine, add **-e** → une veste verte
For masculine plural, add **-s** → des pulls noirs
For feminine plural, add **-es** → des chaussures bleues

Some adjectives are **irregular**: they follow their own pattern. Other adjectives with the same ending work in the same way.

Singular		Plural		Meaning
Masculine	Feminine	Masculine	Feminine	
blanc	blanche	blancs	blanches	*white*
italien	italienne	italiens	italiennes	*Italian*
mignon	mignonne	mignons	mignonnes	*sweet, cute*
nul	nulle	nuls	nulles	*awful, rubbish*
ennuyeux	ennuyeuse	ennuyeux	ennuyeuses	*boring*
nouveau	nouvelle	nouveaux	nouvelles	*new*
gros	grosse	gros	grosses	*fat*

Some adjectives are **invariable**: they never change: marron, cool, super.

une veste **cool** — des baskets **cool**

Apply the rules to make the adjectives below feminine.

1 végétarien
2 bon
3 ambitieux
4 beau
5 franc

Change the adjective if you need to.

1 un pullover (noir)
2 une fête (nul)
3 mes (grand) sœurs
4 des (nouveau) cahiers
5 le (joli) parc

2.3 Possessive adjectives

The words for *my, your,* etc. change according to whether the noun possessed is masculine, feminine or plural:

	Masculine nouns	Feminine nouns	Plural nouns
my	**mon** professeur	**ma** classe	**mes** copains
your (tu)	**ton** professeur	**ta** classe	**tes** copains
his or *her*	**son** professeur	**sa** classe	**ses** copains
our	**notre** professeur/classe		**nos** copains
your (vous)	**votre** professeur/classe		**vos** copains
their	**leur** professeur/classe		**leurs** copains

For feminine singular nouns beginning with a vowel or **h**, you use **mon**, **ton** or **son**.
Mon amie s'appelle Sophie. *My friend is called Sophie*

There is no **'s** in French. You show possession by using the pronoun **de** or **d'**.

Write the correct possessive adjective.

1 _____ papa *our dad*
2 _____ parents *your* (**tu**) *parents*
3 _____ appartements *our flats*
4 _____ village *their village*
5 _____ copine *your* (**vous**) *friend*
6 _____ yeux *her eyes*
7 _____ yeux *his eyes*
8 _____ ville *your* (**vous**) *town*
9 _____ copain *my friend*
10 _____ animal *their pet*

2.4 Comparatives and superlatives

Adjectives can be used to compare nouns with each other:
*Sally is **nice**, Tom is **nicer**, Louise is the **nicest***

To compare two nouns, use:
plus ... que *more ... than*
moins ... que *less ... than*

Tom est **plus** sympa **que** Sally.
Tom is nicer than Sally.

Sally est **moins** sympa **que** Tom.
*Sally is **less** nice than Tom.*

Grammaire

Les films sont **plus** intéressants **que** les émissions de sport. — *Films are more interesting than sports programmes.*

La jupe rouge est **moins** chère **que** la jupe bleue. — *The red skirt is less expensive than the blue skirt./The red skirt is cheaper than the blue skirt.*

Write a sentence comparing the two nouns, using **plus** or **moins**.

1. le foot (violent) le tennis – Le foot est plus violent que le tennis.
2. Arnold Schwarzenegger (intelligent) Einstein
3. la Tour Eiffel (grande) la Tour de Blackpool
4. Londres (passionnant) Ramsbottom
5. Tarzan (fort) Minnie Mouse
6. La radiocassette (démodée) le baladeur mp3

The superlative is used when you want to say *the biggest, the most interesting,* etc.

For adjectives which come before the noun:
C'est **le plus grand** pays d'Europe. — *It's the **biggest** country in Europe.*

For adjectives which come after the noun:
C'est **la** matière **la plus intéressante.** — *It's the most interesting subject.*

SECTION 3 Verbs

3.1 The infinitive

When you look up a verb in the dictionary, you find its original, unchanged form, which is called the **infinitive**: **habiter** (*to live*), **avoir** (*to have*), etc.
Most infinitives end in -er, -ir or -re.

3.2 The present tense

The present tense is used:

- to describe what is happening **now** — *I am reading this book.*
- to describe what **usually** happens — *I read a book every day.*

There is only one present tense in French:
je mange — *I eat* or *I am eating*

3.3 The present tense of regular *-er* verbs

To use a verb in the present tense, you must change the infinitive according to a set of rules. You need to learn these rules by heart.

-er verbs are the most common type of verb. They change their endings like this:

trouver	*to find*		
je trouve	*I find*	**nous** trouv**ons**	*we find*
tu trouves	*you find*	**vous** trouv**ez**	*you find*
il/elle/on trouve	*he/she/it/we find(s)*	**ils/elles** trouv**ent**	*they find*

Write out these sentences with the correct form of the verbs.

1 Je ____ (jouer) au foot.
2 Nous ____ (chanter) dans la salle de bains.
3 Il ____ (travailler) le samedi.
4 On ____ (aimer) les animaux.
5 Vous ____ (regarder) la télévision.
6 Elles ____ (danser) le samedi soir.
7 Tu ____ (aider) à la maison?
8 J'____ (écouter) la radio le matin.
9 Elle ____ (parler) avec ses copines.
10 Il ____ (quitter) la maison à sept heures.

3.4 The present tense of irregular *-ir* and *-re* verbs

There are two other types of regular verb: **-ir** verbs and **-re** verbs

-ir verbs change their endings like this:

finir	*to finish*
je finis	*I finish*
tu finis	*you finish*
il/elle/on finit	*he/she/it/we finish(es)*
nous finissons	*we finish*
vous finisscz	*you finish*
ils/elles finissent	*they finish*

-re verbs change their endings like this:

vendre	*to sell*
je vends	*I sell*
tu vends	*you sell*
il/elle/on vend	*he/she/it/we sell(s)*
nous vendons	*we sell*
vous vendez	*you sell*
ils/elles vendent	*they sell*

3.5 The present tense of irregular verbs

Some verbs follow their own pattern. They are called irregular verbs.
Here are the most common irregular verbs.

avoir means *to have.*

j'ai	nous avons
tu as	vous avez
il/elle/on a	ils/elles ont

The verb **avoir** is also used to give your age in French.
Quel âge as-tu? J'**ai** treize ans.

Complete these sentences using the correct form of **avoir**.

1 J'_____ les yeux bleus.
2 On ___ quatorze ans.
3 Ils ____ de l'argent de poche.
4 Tu ____ un animal?

être means *to be.*

je suis	nous sommes
tu es	vous êtes
il/elle/on est	ils/elles sont

Complete these sentences using the correct form of **être**.

1 Tu ___ timide.
2 Mes parents ____ divorcés.
3 Elle ___ sportive.
4 Je ___ fan de Jenifer.

aller means *to go.*

je vais	nous allons
tu vas	vous allez
il/elle/on va	ils/elles vont

Complete these sentences with the correct form of **aller**.

1 Elle ___ en ville.
2 Nous ___ à la pêche.
3 Je ___ chez mon copain.
4 Tu ___ au collège.

faire means *to do* or *to make.*

je fais — nous faisons
tu fais — vous faites
il/elle/on fait — ils/elles font

The verb **faire** is also used to describe the weather.
Quel temps fait-il? Il fait beau.

Complete the sentences with the correct form of **faire**. Then translate each sentence into English.

1 Il ___ du vélo.
2 Tu ___ tes devoirs.
3 Nous ___ du karting.
4 Tu ___ une tarte.

You need to learn them by heart. Look at the verb tables on page 145.

3.6 The present tense of reflexive verbs

Reflexive verbs are verbs which include an extra pronoun (before the verb). The infinitive of a reflexive verb has the pronoun **se.**

se lever — *to get up* — Je **me lève** à sept heures.
se coucher — *to go to bed* — Je **me couche** à dix heures.

3.7 Negatives

To make a sentence negative, put **ne** ... **pas** round the verb to form a sandwich.
Je **ne** vais **pas** à Paris. *I am not going to Paris.*

Ne shortens to **n'** before a vowel or **h**.
Elle **n'**aime **pas** le prof. *She doesn't like the teacher.*

Other negatives work in the same way. They form a sandwich around the verb.
ne ... jamais *never*
ne ... rien *nothing*

Je **ne** regarde **jamais** *EastEnders.* *I never watch* EastEnders.
Je **ne** mange **rien**. *I eat nothing. / I'm not eating anything.*

Use the expressions to make the sentences negative.

1 (ne … pas) Je parle italien.
2 (ne … jamais) Je regarde *Neighbours.*
3 (ne … rien) Je mange au collège.
4 (ne … jamais) Je vais à Londres.
5 (ne … jamais) Je joue au volley.

When there are two verbs in a sentence, the **ne ... pas** forms a sandwich round the first verb.

Je **ne** veux **pas** aller à Paris.
I don't want to go to Paris.

Add **ne ... pas** to make the sentences negative.

1 Je vais téléphoner.
2 Je peux chanter.
3 On peut nager.
4 Je veux faire des achats.
5 On peut faire du ski en été.

3.8 Question forms

There are three ways to ask a question in French.

- The easiest way is to say a sentence, but make your voice go up at the end (i.e. using rising intonation).

Tu viens? *Are you coming?*

- The second way is to use *Est-ce que* at the start of a sentence.

Est-ce que tu viens? *Are you coming?*

- The third way is to turn round the verb and the pronoun. This is called **inversion**.

As-tu un animal? *Do you have a pet?*
As-tu fini? *Have you finished?*
As-tu choisi? *Have you chosen?*

Make these statements into questions by using **est-ce que** or the inversion method.

1 Tu aimes le foot.
2 Tu manges de la viande.
3 Tu bois du lait.
4 Tu prends le train.
5 Tu as choisi un livre.

Common question words

où	*where*	qui	*who*	pourquoi	*why*
quand	*when*	comment	*how*	à quelle heure	*(at) what time*

The question words are often combined with **est-ce que**.
Où est-ce que tu vas? *Where are you going?*

Sometimes, inversion is used:
Comment **voyages-tu?** *How are you travelling?*

Write out as questions using **est-ce que** or the inversion method.

1 (où) + tu habites?
2 (comment) + tu viens au collège?
3 (à quelle heure) + tu veux sortir ce soir?
4 (quand) + tu pars en vacances?
5 (pourquoi) + tu aimes le rugby?

An extra **t** is added in between two vowels to help with pronunciation.

Thierry Henry, joue-t-il pour Liverpool?
Does Thierry Henry play for Liverpool?

3.9 Verbs with the infinitive

If there are two different verbs in a row in a sentence, the second verb is an infinitive.

J'aime **jouer** au foot.	*I like playing football.*
Je déteste **ranger** ma chambre.	*I hate tidying my bedroom.*

These three verbs are always followed by the infinitive:

devoir	*to have to*	Je **dois rester** à la maison.	*I must stay at home.*
pouvoir	*to be able to*	Je **peux** parler français.	*I can speak French.*
vouloir	*to want to*	Je **veux être** riche.	*I want to be rich.*

Put these sentences into an order that makes sense, and underline the infinitive in each one. Then translate each sentence into English.

1. je moi rester veux chez
2. dois je à 20 partir heures
3. peux à je parler Luc est-ce que?
4. Londres veux je ne pas à aller
5. je mes ne oublier devoirs pas dois
6. cathédrale veux ne pas visiter la je
7. venir veux je ne pas fête à la
8. français parler peux je
9. je pour acheter cadeau un Ahmed dois
10. est-ce que prendre douche une peux je?

Je voudrais means *I* ***would*** *like.*
It comes from the verb **vouloir**, so it is also followed by the infinitive.
Je **voudrais aller** aux toilettes.
I would like to go to the toilet.

3.10 The near future tense

You can talk about the future by using the near future tense (**le futur proche**).

Use part of the verb **aller** followed by the infinitive to say what you are going to do.

Ce soir, je **vais regarder** la télé. *This evening I am going to watch TV.*

Write the verb in the near future tense and complete each sentence. You may need to look up the irregular verb **aller** on page 145.

1. tu (regarder) le match demain – Tu vas regarder le match demain.
2. il (acheter) un cadeau demain
3. on (être) fatigué demain
4. elle (finir) le livre ce soir
5. je (écouter) mon nouveau CD ce soir
6. Loïc (faire) du ski à Noël
7. vous (visiter) beaucoup d'églises cet été
8. ma mère (prendre) le train ce soir
9. nous (porter) un tee-shirt demain
10. Anne et Louise (boire) du coca demain

Grammaire

3.11 The perfect tense

The perfect tense **(le passé composé)** is used to talk about the past.

j'ai joué *I played / I have played*

The perfect tense has two parts:
1 part of the verb **avoir** (or **être**)
2 the past participle

To form the past participle of regular **-er** verbs:
take off **-er** and add **-é**
j'ai regard**é** *I watched*

Write each verb in the perfect tense. For each one, you need part of **avoir** and the correct past participle.

1. je (jouer) au golf hier – *J'ai joué au golf hier.*
2. je (parler) avec mes copains ce matin
3. elle (danser) avec son copain hier soir
4. il (chanter) dans la salle de bains
5. je (acheter) un tee-shirt hier
6. ils (manger) des frites hier soir
7. nous (téléphoner) à la police
8. tu (trouver) un billet de dix euros hier?
9. je (retrouver) mes copains en ville
10. Pierre et Suzanne (nager) hier

The perfect tense in the negative

The **ne ... pas** forms a sandwich round the auxiliary, which is normally the verb **avoir.**
J'ai visité la cathédrale. → **Je n'ai pas** visité la cathédrale.

Make these sentences negative using **ne ... pas**.

1. Nous avons voyagé en avion.
2. Il a mangé au restaurant.
3. J'ai regardé *Coronation Street* hier soir.
4. J'ai joué à la Gameboy ce matin.
5. On a parlé français en Italie.

Regular **-ir** verbs have a past participle ending in **i**.
finir → j'ai fini
choisir → j'ai choisi

Regular **-re** verbs have a past participle ending in **u**.
attendre → j'ai attendu
vendre → j'ai vendu

Past participles of irregular verbs

These need to be learned by heart:

infinitive	meaning	past participle
faire	*to do*	fait
boire	*to drink*	bu
lire	*to read*	lu
voir	*to see*	vu
prendre	*to take*	pris
dire	*to say*	dit

Grammaire

Fill in a perfect tense verb from the irregular verbs above which makes sense.

1 J'__ ____ un coca.
2 Nous __ ____ le train.
3 Danielle __ ____ du judo.
4 Elles __ ____ le film.
5 Tu __ ____ «bonjour» à ta tante?
6 Vous __ ____ le journal?
7 Nous __ ____ nos devoirs.
8 Le prof __ ____ une erreur.
9 Il __ ____ le métro.
10 Tu __ ____ mes lunettes?

The perfect tense with *être*

There are 13 'unlucky' verbs which form their perfect tense with **être**, not **avoir**.

je **suis allé** *I have gone, I went*
il **est resté** *he has stayed, he stayed*

Here are the main ones:

infinitive	**meaning**	***je suis* + past participle**
aller	*to go*	je suis allé(e)
venir	*to come*	je suis venu(e)
arriver	*to arrive*	je suis arrivé(e)
partir	*to leave*	je suis parti(e)
entrer	*to enter*	je suis entré(e)
sortir	*to go out*	je suis sorti(e)
naître	*to be born*	je suis né(e)
rester	*to stay*	je suis resté(e)
tomber	*to fall*	je suis tombé(e)

The 13 **être** verbs are *really* unlucky because the past participle has to agree with the subject of the sentence:

- add **-e** for feminine — elle est allé**e** — *she went*
- add **-s** for masculine plural — nous sommes allé**s** — *we went*
- add **-es** for feminine plural — elles sont allé**es** — *they went*

Write these in full. It's a girl talking, so check the past participle!

1 (aller) Je ____ ___ée au cinéma.
2 (arriver) Je ____ _______ à neuf heures.
3 (naître) Je ____ ___ à Madrid.
4 (rester) Je ____ ______ une semaine.
5 (tomber) J'ai fait du ski et je ____ ______ trois fois.

3.12 *C'était* and *il y avait*

You can use these key phrases when describing things in the past and giving opinions:

c'était *it was*
il y avait *there was/were*

SECTION 4 Structural features

Structural features are words or sets of words which occur in sentences and texts.

4.1 Prepositions

Prepositions are words which tell us **where** someone or something is.

dans	*in*
devant	*in front of*
derrière	*behind*
sur	*on*
sous	*under*
à	*at*, *to* or *in* (with name of town)
en	*to* or *in* (with name of country)

In/at/to places

When you want to say *in* or *to* with the name of a town or country:

use **à** (before the name of a town)	Elle habite **à** Paris.
en (before the name of most countries)	Il va **en** France.
au (before the name of masculine countries)	J'habite **au** Canada.
aux (before the name of plural countries)	On va **aux** États-Unis.

Complete the sentences with the right word for *in* or *to*.

1. J'habite ____ Ipswich.
2. Mon oncle habite ____ Écosse.
3. Je vais aller ____ États-Unis.
4. Après, je vais aller ____ Canada.
5. Ma tante habite ____ Lisbonne.
6. Je voudrais aller ____ Berlin.
7. Je vais retourner ____ Espagne.
8. Je suis allé ____ New York.
9. Je préfère aller ____ Espagne.
10. Il fait chaud ____ Italie.

de

Some prepositions are followed by **de**

à coté **de** *next to* près **de** *near* en face **de** *opposite*

If **de** comes before **la**, they stay separate.

près **de la** voiture *near the car*

If **de** comes before **le**, they join up to become **du**.

à côté **du** cinéma *next to the cinema*

If **de** comes before **les**, they join up to become **des**.

près **des** magasins *near the shops*

After expressions of quantity, you always use **de**.

un kilo **de** pommes *a kilo of apples*
une bouteille **de** coca *a bottle of Coke*

The verb **faire** is followed by **de** when you are talking about *doing* certain types of sport. It can also be used when you would say in English 'I go (swimming)', etc.

Je fais **du** canoë. (**de** + **le**)
Je fais **de la** natation.
Je fais **de l'**escalade.

Grammaire

à

à means *to* or *at*.

If **à** comes before **la** in a sentence, they stay separate.

Je suis **à la** poste.	*I am **at the** post office.*

If **à** comes before **le**, they join up to become **au**.

Je suis **au** cinéma.	*I am **at the** cinema.*
Je vais **au** cinéma.	*I go **to the** cinema.*

If **à** comes before **les**, they join up to become **aux**.

Il va **aux** toilettes.	He goes ***to the*** toilets.

The verb **jouer** is followed by **à** when you are talking about *playing* a sport or game.

Je joue **au** volley. (**à** + **le**)
Je joue **à l'**ordinateur.
Je joue **aux** jeux vidéo. (**à** + **les**)

Complete the sentences using the correct form of **jouer à** or **faire de**.

1 Je ____ ____ volley.
2 Il ___ ___ natation.
3 Nous ___ ___ jeux vidéo.
4 Je ___ ___ sport.

4.2 Intensifiers

Intensifiers are words placed before adjectives to make them stronger or weaker.

très	*very*	trop	*too*
assez	*quite*	vraiment	*really*
un peu	*a bit*		

Le français est **très** intéressant.	*French is **very** interesting.*
C'est **trop** cher.	*It's **too** expensive.*

4.3 Connectives

Connectives are used to join up phrases and sentences.

et	*and*	puis	*then*	donc	*therefore*
mais	*but*	quand	*when*	qui	*who, which*
parce que	*because*	si	*if*	où	*where*
car	*because*	ou	*or*		

Complete the sentences with the connective indicated in brackets.

1 (*who*) J'ai un frère ____ s'appelle Marc.
2 (*where*) Je suis allé au café ____ j'ai pris un sandwich.
3 (*because*) Je vais au cinéma ____ il pleut.
4 (*but*) Je vais en ville, ____ je n'ai pas beaucoup d'argent.
5 (*when*) Je joue au tennis ____ il fait beau.

4.4 *Depuis*

The word **depuis** is used to say how long something has been happening.

It's because **depuis** is used with the present tense in French. Also, it can be translated by both *since* and *for* in English.

J'habite ici **depuis** cinq ans.
*I **have lived** here **for** five years.*

Elle **est** absente **depuis** lundi.
*She **has been** absent **since** Monday.*

Translate into English.

1. J'habite en Angleterre depuis treize ans.
2. Je fais du judo depuis six mois.
3. Je joue de la guitare depuis trois semaines.
4. Je suis végétarien depuis deux mois.
5. Je suis malade depuis trois jours.

4.5 *Il faut*

Il faut means *it is neccessary to, you must*. It is followed by the infinitive.

Il faut **écouter** le professeur. *You must listen to the teacher.*

Choose the infinitive form of the verb to complete each sentence.

1. Il faut (est/être/sont) calme.
2. Il faut (écoutez/écouter/écoute) le professeur.
3. Il faut (finit/finissent/finir) ses devoirs.
4. Il faut (avoir/a/as) un stylo.
5. Il faut (liser/lis/lire) les instructions.

SECTION 5 Extras

5.1 The alphabet

Here is a rough guide to how the letters of the alphabet sound in French.

A	AH	H	ASH	O	OH	V	VAY
B	BAY	I	EE	P	PAY	W	DOOBL-VAY
C	SAY	J	DJEE	Q	COO	X	EEX
D	DAY	K	KAH	R	ERR	Y	EE-GREK
E	EUH	L	ELL	S	ESS	Z	ZED
F	EFF	M	EM	T	TAY		
G	DJAY	N	EN	U	OO		

5.2 Accents

It is very important to remember accents when you are writing in French. They show you how to pronounce the vowels on which they appear.

é	an **acute accent** (un **accent aigu**)	Acute accents only occur on the letter **e**.
è	a **grave accent** (un **accent grave**)	Grave accents can occur on the letters **a**, **e** or **u**.
ê	a **circumflex** (un **accent circonflexe**)	You can find a circumflex on **a**, **e**, **i**, **o** or **u**.
ç	a **cedilla** (une **cédille**)	Cedillas only occur on the letter **c**.

5.3 Numbers

1	un	10	dix	19	dix-neuf	71	soixante et onze
2	deux	11	onze	20	vingt	72	soixante-douze
3	trois	12	douze	21	vingt et un	80	quatre-vingts
4	quatre	13	treize	22	vingt-deux	81	quatre-vingt-un
5	cinq	14	quatorze	30	trente	82	quatre-vingt-deux
6	six	15	quinze	40	quarante	90	quatre-vingt-dix
7	sept	16	seize	50	cinquante	91	quatre-vingt-onze
8	huit	17	dix-sept	60	soixante	92	quatre-vingt-douze
9	neuf	18	dix-huit	70	soixante-dix	100	cent

5.4 Days

In French days of the week and months do not begin with a capital letter.

lundi	*Monday*	vendredi	*Friday*
mardi	*Tuesday*	samedi	*Saturday*
mercredi	*Wednesday*	dimanche	*Sunday*
jeudi	*Thursday*		

lundi	***on** Monday*
le lundi/tous les lundis	*every Monday, on Mondays*
lundi matin/après-midi/soir	*on Monday morning/afternoon/evening*

5.5 Dates

Months are not written with a capital letter in French.

janvier	*January*	mai	*May*	septembre	*September*
février	*February*	juin	*June*	octobre	*October*
mars	*March*	juillet	*July*	novembre	*November*
avril	*April*	août	*August*	décembre	*December*

le 12 février	*on the 12th of February*
On va en France **le 3 août**.	*We are going to France* **on the 3rd of August**
le premier mai	*the 1st of May*

5.6 Times

sept **heures**	*seven **o'clock***
sept heures **dix**	***ten past** seven*
sept heures **et quart**	***quarter past** seven*
sept heures **et demie**	***half past** seven*

sept heures **quarante-cinq** — *seven* ***forty-five***
huit heures **moins le quart** — ***quarter to*** *eight*
midi/minuit — *12 midday / midnight*

The 24-hour clock is used much more frequently in French than it is in English:

neuf heures vingt	*9.20 a.m.*
quinze heures quinze	*3.15 p.m.*
vingt heures quarante-cinq	*8.45 p.m.*

Quelle heure est-il?	*What time is it?*
Il est neuf heures.	***It's*** *nine o'clock.*
à dix heures	***at*** *ten o'clock*

Find the pairs of times.

1. quinze heures quinze
2. deux heures moins le quart
3. onze heures moins dix
4. vingt heures trente
5. huit heures et demie
6. minuit
7. trois heures et quart
8. vingt-quatre heures
9. treize heures quarante-cinq
10. vingt-deux heures cinquante

VERB TABLES

Regular verbs

-er verbs		-ir verbs	-re verbs
jouer	***to play***	**finir** ***(to finish)***	**attendre** ***(to wait for)***
je joue	*I play*	je finis	j'attends
tu joues	*you play*	tu finis	tu attends
il/elle joue	*he/she/it plays*	il/elle finit	il/elle attend
on joue	*we play*	on finit	on attend
nous jouons	*we play*	nous finissons	nous attendons
vous jouez	*you play*	vous finissez	vous attendez
ils/elles jouent	*they play*	ils/elles finissent	ils/elles attendent
Perfect		*Perfect*	*Perfect*
j'ai joué		j'ai fini	j'ai attendu

Reflexive verbs

se lever ***(to get up)***

je me lève	nous nous levons
tu te lèves	vous vous levez
il/elle se lève	ils/elles se lèvent
on se lève	

Perfect
je me suis levé(e)

Key irregular verbs

aller *(to go)*	avoir *(to have)*	être *(to be)*
je vais	j'ai	je suis
tu vas	tu as	tu es
il/elle/on va	il/elle/on a	il/elle/on est
nous allons	nous avons	nous sommes
vous allez	vous avez	vous êtes
ils/elles vont	ils/elles ont	ils/elles sont
Perfect	*Perfect*	*Perfect*
je suis allé(e)	j'ai eu	j'ai été

faire *(to do or to make)*	pouvoir *(to be able to)*	vouloir *(to want to)*
je fais	je peux	je veux
tu fais	tu peux	tu veux
il/elle/on fait	il/elle/on peut	il/elle/on veut
nous faisons	nous pouvons	nous voulons
vous faites	vous pouvez	vous voulez
ils/elles font	ils/elles peuvent	ils/elles veulent
Perfect	*Perfect*	*Perfect*
j'ai fait	j'ai pu	j'ai voulu

boire *(to drink)*	prendre *(to take)*	devoir *(to have to)*
je bois	je prends	je dois
tu bois	tu prends	tu dois
il/elle/on boit	il/elle/on prend	il/elle/on doit
nous buvons	nous prenons	nous devons
vous buvez	vous prenez	vous devez
ils/elles boivent	ils/elles prennent	ils/elles doivent
Perfect	*Perfect*	*Perfect*
j'ai bu	j'ai pris	j'ai dû

Vocabulaire *français – anglais*

A

à (Paris/Madrid/Berlin)	*in/to (Paris/Madrid/Berlin)*
À bientôt.	*See you soon.*
À demain./À plus tard.	*See you tomorrow./ See you later.*
d' abord	*first of all*
D' accord.	*OK.*
être d'accord avec qn	*to agree with sb*
faire des achats	*to go shopping*
acheter	*to buy*
actif(-ive)	*active*
l' actrice (f)	*actress*
adorer	*to love*
les affaires (f pl)	*things*
affreux(-euse)	*terrible*
l' Afrique (f)	*Africa*
l' agenda (m)	*diary*
agréable	*pleasant/nice*
aider	*to help*
J' aime .../Je n'aime pas ...	*I like .../I don't like ...*
aimer	*to like*
Tu aimes ...?	*Do you like ...?*
alcoolisé(e)	*alcoholic*
Je suis allé(e) ...	*I went ...*
l' Allemagne (f)	*Germany*
allemand(e)	*German*
aller	*to go*
allumer la télé	*to switch on the TV*
amusant(e)	*amusing*
l' ananas (m)	*pineapple*
anglais(e)	*English*
l' Angleterre (f)	*England*
l' anniversaire (m)	*birthday*
l' annonce (f)	*small ad*
l' appareil domestique (m)	*domestic appliance*
l' appareil photo numérique (m)	*digital camera*
s' appeler	*to be called*
	apporter to bring
après	*afterwards*
l' après-midi (m)	*afternoon*
l' arabe (m)	*Arabic*
l' araignée (f)	*spider*
l' argent (de poche) (m)	*(pocket) money*
l' arrêt de bus (m)	*bus stop*
l' Asie (f)	*Asia*
il n'y a pas assez de ...	*there isn't/aren't enough ...*
l' assiette de fromages (f)	*cheese board*
l' atelier-théâtre (m)	*theatre workshop*
attaquer	*to attack*
j' attends avec impatience ...	*I'm looking forward to ...*
attraper	*to catch*
au (+ *masculine country*)	*in*
l' auteur (m)	*author*
autoritaire	*bossy*
en avion	*by plane*
À mon avis ...	*In my opinion ...*
avoir 13/20/27 ans	*to be 13/20/27 years old*

B

le baby-foot	*table football*
le baladeur mp3	*MP3 player*
la banane	*banana*
la barbe	*beard*
à base de (vinaigre)	*(vinegar)-based*
le basket	*basketball*
des baskets (m pl)	*trainers*
la batterie	*drums/drum kit*
bavard(e)	*chatty/talkative*
beau (belle)	*handsome/good-looking*
Il fait beau.	*It's fine.*
beaucoup de	*lot of*
le beau-père	*stepfather*
la belle-mère	*stepmother*
le beurre	*butter*
bien	*good*
bientôt	*soon*
bien sûr	*of course*
le bifteck	*steak*
le billard	*snooker*
blanc(he)	*white*
bleu(e)	*blue*
blond(e)	*blonde*
Bof ...	*So what?/Well ...?*
boire	*to drink*
la boisson	*drink*
aller en boîte	*to go to a nightclub*
en boîte	*tinned*
la boîte de réception	*in-box*
le bol	*bowl*
bon(ne)	*good*
le bon .../la bonne ...	*the right ...*
les bonbons (m pl)	*sweets*
Bonjour.	*Hello./Good morning.*
Bonne idée!	*Good idea!*
Bonsoir.	*Good evening.*
au bord de la mer	*at the seaside*
des bottes (f pl)	*boots*
la boucherie	*butcher's (shop)*
bouder	*to sulk*
la boulangerie	*baker's (shop)*
le boulot	*job*
une bouteille de ...	*a bottle of ...*
la boutique	*small shop*
le bowling	*bowling alley*
la brosse à dents	*toothbrush*
le brouillard	*fog*
brun(e)	*brown*
le bureau	*office*

C

le cadeau	*present*
le cahier	*exercise book*
la calculette	*pocket calculator*
calme	*quiet*
le caméscope	*video camera/camcorder*
le camion	*lorry*
à la campagne	*in the countryside*
le canoë	*canoeing*
capturer	*to capture*
en car	*by coach*
le caractère	*character/personality*

la carte (de la région)	*map (of the region)*
les cartes (f pl)	*cards*
la carte postale	*postcard*
le cascadeur	*stuntman*
cassé(e)	*broken*
casser	*to break*
la cathédrale	*cathedral*
célèbre	*famous*
le centre de vacances	*holiday centre*
les céréales (f pl)	*cereal*
la chaise	*chair*
la chambre	*bedroom*
les champignons (m pl)	*mushrooms*
avoir de la chance	*to be lucky*
chanter	*to sing*
le chanteur	*singer (male)*
la chanteuse	*singer (female)*
la charcuterie	*cold meats*
le chat	*cat*
le château	*castle*
chaud	*warm/hot*
les chaussettes (f pl)	*socks*
les chaussures (f pl)	*shoes*
le chef de cuisine	*chef*
la cheminée	*chimney*
la chemise	*shirt*
cher (chère)	*expensive*
chercher	*to look for*
les cheveux (m pl)	*hair*
chez moi/nous	*at my/our house*
chic	*smart/stylish*
le chien	*dog*
les chips (m pl)	*crisps*
le chocolat chaud	*hot chocolate*
les chocolats (m pl)	*chocolates*
choisir	*to choose*
au chômage	*unemployed*
le cidre	*cider*
le cimetière	*cemetery*
le citron	*lemon*
la classe	*class*
le classeur	*file*
le clavier électronique	*electronic keyboard*
le coiffeur	*hairdresser (male)*
la coiffeuse	*hairdresser (female)*
collectionner	*to collect*
le collège	*school*
entrer en collision avec	*to collide with*
C'est combien?	*How much is it?*
Combien de temps?	*How long?*
commander	*to order (in a restaurant)*
commencer	*to begin*
Comment?	*How?*
Tu es comment?	*What do you look like?*
compliqué(e)	*complicated*
le concours	*competition*
la confiture	*jam*
être connu(e) pour	*to be well known for*
les conseils (m pl)	*tips/advice*
construire	*to build*
contre	*against*
les copains (m pl)	*friends*
le/la correspondant(e)	*penpal*
correspondre (avec)	*to correspond (with)/ write (to)*
la couleur	*colour*
faire des courses (f pl)	*to do the shopping*
court(e)	*short*
le crayon	*pencil*
la crêpe	*pancake*
crier	*to shout*
les crudités (f pl)	*mixed raw vegetables*
en cuir	*made of leather*
faire la cuisine	*to do the cooking*
la cuisine	*kitchen*
les cuisses de grenouilles (f pl)	*frogs' legs*

D

la danse	*dancing*
la date de naissance	*date of birth*
de la	*some*
le (café) décaf	*decaffeinated coffee*
déchirer	*to tear/rip*
décrire	*to describe*
défendre	*to defend*
dégoûtant(e)	*disgusting*
le déjeuner	*lunch*
C'est délicieux.	*It's delicious.*
le demi-frère	*stepbrother*
la demi-sœur	*stepsister*
démodé(e)	*old-fashioned*
depuis (4 ans/6 mois)	*for (4 years/6 months)*
dernier(-ière)	*last*
des	*some*
désastreux(-euse)	*disastrous*
désolé(e)	*sorry*
le dessert	*dessert*
le dessin	*drawing*
le dessin animé	*cartoon*
du dessus	*upstairs*
détester	*to hate*
devenir	*to become*
les devoirs (m pl)	*homework*
(le) dimanche	*(every) Sunday*
le dîner	*evening meal*
le distributeur de cigarettes	*cigarette machine*
divorcé(e)	*divorced*
le documentaire	*documentary*
Je dois	*I must*
la domicile	*place of residence*
donner	*to give*
la douche	*shower*
du	*some*
dur(e)	*hard*

E

l' eau (f)	*water*
les échecs (m pl)	*chess*
économiser	*to save up*
l' Écosse (f)	*Scotland*
écouter	*to listen (to)*
écrire	*to write*
s' écrire	*to write to each other*
Écris-moi.	*Write to me.*
Ça m'est égal.	*I don't mind.*

l' égalité (f)	*equality*
l' électricien(ne)	*electrician*
élégant(e)	*elegant*
l' élève	*a pupil/student*
éliminer	*to eliminate*
Je t' embrasse.	*Lots of love.*
l' émission	*programme*
en (+ *feminine country*)	*in*
enfin	*finally*
Je m' ennuie.	*I'm bored.*
ennuyeux(-euse)	*boring*
ensuite	*then*
l' entraînement (m)	*training*
l' entrée (f)	*starter*
Je n'ai pas envie.	*I don't want to.*
envoyer	*to send*
les épinards (m pl)	*spinach*
l' équipe (f)	*team*
faire de l' équitation	*to go horse-riding*
l' escalade (f)	*climbing*
les escargots (m pl)	*snails*
l' Espagne (f)	*Spain*
espagnol	*Spanish*
J' espère que …	*I hope that …*
essayer	*to try*
l' est (m)	*east*
l' été (m)	*summer*
à l' étranger	*abroad*
éviter	*to avoid*

F

faire du canoë/ de l'escalade, etc.	*to go canoeing/climbing, etc.*
la famille	*family*
la farine	*flour*
le fast-food	*fast-food restaurant*
fatigué(e)	*tired*
il faut …	*you must …/ it is necessary to …*
la femme	*woman/wife*
la femme de ménage	*cleaning lady*
la femme politique	*(female) politician*
la ferme	*farm*
fermé(e)	*closed*
la fête	*party*
la fête foraine	*fair*
fêter	*to celebrate*
février	*February*
la fille	*girl*
le film comique	*comedy film*
finir	*to finish*
deux/ trois fois	*twice/three times*
le foot	*football*
la fôret	*forest*
fort(e)	*strong*
fort(e) en	*good at*
frais (fraîche)	*fresh*
des fraises	*strawberries*
français(e)	*French*
la France	*France*
frapper	*to knock*
la fraternité	*fraternity/brotherhood*
le frère	*brother*
les frites (f pl)	*chips*
froid(e)	*cold*
le fromage	*cheese*
les fruits (m pl)	*fruit*
les fruits de mer (m pl)	*seafood*
fumer	*to smoke*

G

gâcher	*to spoil*
gagnant(e)	*winning*
gagner	*to win*
le garçon	*boy*
la gare	*railway station*
les garnitures (f pl)	*fillings*
un gâteau	*a cake*
gazeux(-euse)	*fizzy*
géant(e)	*giant/enormous*
généreux(-euse)	*generous*
génial(e)	*fantastic*
les gens (m pl)	*people*
la glace	*ice-cream*
glisser	*to slip*
la gomme	*rubber*
grand(e)	*tall*
les grandes vacances (f pl)	*summer holidays*
Ce n'est pas grave.	*It doesn't matter.*
la Grèce	*Greece*
gris(e)	*grey*
la guerre	*war*
guillotiner	*to kill by the guillotine*

H

habiter	*to live*
d' habitude	*usually*
les haricots verts (m pl)	*green beans*
les heures d'ouverture (f pl)	*opening times*
hier	*yesterday*
l' hiver (m)	*winter*
le hockey sur glace	*ice hockey*
l' hôpital (m)	*hospital*

I

incroyable	*amazing/incredible*
l' infirmier(-ière)	*nurse*
les informations (f pl)	*the news*
l' informatique (f)	*IT (information technology)*
l' ingénieur (m)	*engineer*
insupportable	*unbearable*
Il est interdit de …	*It is forbidden to …*
intéressant(e)	*interesting*
l' Irlande du Nord (f)	*Northern Ireland*
islamique	*Islamic*
l' Italie (f)	*Italy*
italien(ne)	*Italian*

J

ne … jamais	*never*
le jambon	*ham*
le jardin	*garden*
jaune	*yellow*
le jean	*pair of jeans*
le jeu télévisé	*quiz show*
(le) jeudi	*(every) Thursday*
jeune	*young*
le jeu vidéo	*video game*

le jogging — *pair of jogging pants*
joli(e) — *pretty*
jouer au tennis/au foot, etc. — *to play tennis/football, etc.*
jouer du saxophone/de la guitare, etc. — *to play the saxophone/guitar, etc.*
le joueur — *player*
le journal — *newspaper*
la journée — *(during) the day*
Joyeux Noël — *Happy Christmas*
juillet — *July*
la jupe — *skirt*
le jus d'orange/de pommes — *orange/apple juice*

K

le karting — *go-karting*

L

laisser — *to leave*
le lait — *milk*
les langues (f pl) — *languages*
le lapin — *rabbit*
large — *wide*
laver — *to wash*
le lecteur karaoké — *karaoke machine*
la lecture — *reading*
les légumes (m pl) — *vegetables*
lentement — *slowly*
la liberté — *liberty/freedom*
la librairie — *bookshop*
libre — *free*
en ligne — *on line*
lire — *to read*
le lit — *bed*
le livre — *book*
la location de (vélos) — *(cycle) hire*
long(ue) — *long*
(le) lundi — *(every) Monday*

M

le magasin — *shop*
le maillot de foot — *football shirt/jersey*
la maison — *house/home*
le mal au ventre/à la tête — *stomachache/headache*
malheureusement — *unfortunately*
maman — *Mum/Mummy*
la manette — *game pad (for console games)*
manger — *to eat*
le maquillage — *make-up*
le marché — *market*
(le) mardi — *(every) Tuesday*
la marques — *famous brand*
marrant(e) — *funny/amusing*
le mariage — *wedding*
marron — *brown (eyes)*
le matériel (de photo) — *(photographic) equipment*
le matériel scolaire — *school things*
les matières (f pl) — *school subjects*
le matin — *morning*
mauvais(e) — *bad*
le/la mécanicien(ne) — *mechanic*
les mecs (m pl) — *guys*
meilleur(e) — *best*
même — *even*
le ménage — *housework*
mener — *to lead*
la mer — *sea*
merci — *thank you*
(le) mercredi — *(every) Wednesday*
la mère — *mother*
merveilleux(-euse) — *marvellous*
le message SMS — *SMS/text message*
le miel — *honey*
la mini-jupe — *mini skirt*
minuscule — *tiny*
la mobylette — *moped*
moche — *horrible*
la mode — *fashion*
moi — *me*
moins grand(e) que — *smaller than*
en moins de — *in less than*
le mois — *month*
à la montagne — *in the mountains*
monter dans (la voiture) — *to get into (the car)*
la montre — *watch*
le monument (historique) — *monument*
la moto — *motorcycle*
le musée — *museum*
musulman(e) — *Muslim*

N

nager — *to swim*
le/la nageur(euse) — *swimmer*
la natation — *swimming*
Il/Elle est né(e) … — *He/She was born …*
la neige — *snow*
neiger — *to snow*
neuf (neuve) — *(brand) new*
noir(e) — *black*
le nom — *surname*
le nord — *north*
nous — *we*
nouveau (m) — *new*
nouvel (m, *before a vowel or h*) — *new*
nouvelle (f) — *new*
nul(le) — *rubbish*

O

l' œuf — *egg*
l' oiseau (m) — *bird*
l' orage (m) — *thunderstorm*
l' ordinateur (m) — *computer*
l' organiseur électronique (m) — *(PDA) electronic organiser*
Où? — *Where?*
l' ouest (m) — *west*
ouvert(e) — *open*
l' ouvrier(ière) — *(manual) worker*

P

le pain — *bread*
le pain grillé — *slice of toast*
la paire de … — *a pair of …*
le pantalon — *pair of trousers*
le papier — *piece of paper*
par contre — *on the other hand*
le parc d'attractions — *amusement/theme park*
parce que — *because*
C'est pareil. — *It's the same.*
paresseux(-euse) — *lazy*

parfait(e)	perfect
le parlement	parliament
participer à	to take part in
partir	to leave
pas mal	quite good/not bad
Ça passe quand?	When is it on?
le passe-temps	hobby
passer	to spend (time)
passionnant(e)	exciting
passionné(e) de	mad about
les pâtes (f pl)	pasta
le patin à glace	ice-skating
payer (qch)	to pay for (sthg)
le Pays de Galles	Wales
aller à la pêche	to go fishing
la pêche	peach
le peintre	painter
pendant 3 heures/ 6 mois	for 3 hours/ 6 months
perdre	to lose
le père	father
petit(e)	small
le petit déjeuner	breakfast
le petit pain	bread roll
les petits pois (m pl)	peas
Je ne peux pas.	I can't.
la pharmacie	chemist's (shop)
le photographe	photographer
la photographie	photography
la physique	physics
le ping-pong	table tennis
la piscine	swimming pool
la piste cyclable	cycle track
la plage	beach
plaire à	to please
Tu plaisantes!	You're joking!
le plaisir	pleasure
le plan de la ville	street map
le plancher	floor
le plat principal	main course
le plats	dish
en plein air	in the fresh air
plein de ...	lots of ...
en pleine (forêt)	in the middle of the (forest)
pleuvoir	to rain
le plombier	plumber
la plongée (sous-marine)	(underwater) diving
la pluie	rain
plusieurs	several
plus grand(e) que	taller than
en plus	what's more
la poire	pear
le poisson	fish
le poisson rouge	goldfish
la pommes	apple
les pommes de terre (f pl)	potatoes
la porte-clés	key ring
porter	to wear
portugais(e)	Portuguese
le Portugal	Portugal
la poste	post office
la poubelle	dustbin
le poulet (rôti)	(roast) chicken
pour	for
Pourquoi?	Why?
pourtant	however/but
le pouvoir	power
pratique	practical
Je préfère ...	I prefer ...
préféré(e)	favourite
prendre	to take
Je prends (des céréales).	I have (cereal).
le prénom	first name
près de	near
principal(e)	main
le prix	prize
prochain(e)	next
le/la professeur	teacher
le programmeur d'ordinateur	computer programmer
la promenade	walk
promener	to walk
la publicité	TV advert
publier	to publish
puis	then
le pull	pullover
le puzzle	jigsaw

Q

C'est quand?	When is it?
À quelle heure?	At what time?
quelqu'un	someone
quelquefois	sometimes
qui	who
Qui?	Who?
quinze jours	fortnight
quitter	to leave

R

le racket	bullying
raconter	to tell
la radiocassette	radio-cassette player
radiocommandé(e)	radio-controlled
les raisins (m pl)	grapes
ranger	to tidy up
rapide	quick/fast
la raquette de tennis	tennis racket
rarement	rarely/hardly ever
la réceptionniste	receptionist
regarder	to look at
la reine	queen
rencontrer	to meet
réparer	to repair
le repas	meal
la réponse	answer
réserver	to book/reserve
se ressembler	to look alike
rester	to stay
retrouver	to meet up with
le rêve	dream
le rhume	cold
les rideaux (m pl)	curtains
ridicule	stupid
rire	to laugh
le riz	rice
la robe	dress
le roi	king
le roller	rollerblading
rouge	red
roux	red (hair)
la rue	street

S

s' il vous plaît	please
sale	dirty
la salle de jeux	games room
le salon	living room
le salon de coiffure	hairdressing salon
le salon de thé	tea room
Salut!	Hi!
(le) samedi	(every) Saturday
les saucisses (f pl)	sausages
le scientifique	scientist
sec (sèche)	dry
le/la secrétaire	secretary
le sel	salt
sélectionner	to select
selon	according to
la semaine	week
le sens de l'humour	sense of humour
la série policière	detective series
le serveur	waiter
la serveuse	waitress
la site Internet	website
situé(e)	situated
faire du skate	to go skateboarding
le ski	skiing
faire du ski nautique	to go water skiing
le snowboard	snowboarding
la sœur	sister
le soir	(in the) evening
le soleil	sun
le sondage	survey
sortir	to go out
souhaiter	to wish
souvent	often
le spectacle de magie	magic show
sportif(-ive)	sporty
le stade	stadium
stressé(e)	stressed
le stylo	pen
le sud	south
Ça suffit.	That's enough.
la Suisse	Switzerland
surfer sur Internet	to surf the Net
surtout	especially
sympa	nice

T

la taille	size/height
la tartine	slice of bread and butter
la tasse	cup
le téléphone portable	mobile phone
téléphoner à (des copains)	to telephone (friends)
le temps	weather
de temps en temps	from time to time
le temps libre	free time
le terrain de sport	sports field
le texto	text message
le thon	tuna
le timbre	stamp
timide	shy
faire du tir à l'arc	to do archery
des tomates (f pl)	tomatoes
toujours	always
la tour	tower
C'est tout?	Is that all?
tout le monde	everybody
la tranche	slice
traverser	to cross
le trésor	treasure
Il y a trop de …	There is too much/ There are too many …
le trou	hole
les trucs (m pl)	things

U

l' uniforme scolaire (m)	school uniform
utile	useful

V

les vacances (f pl)	holidays
Je vais jouer/faire, etc.	I'm going to play/do, etc.
la vedette	star
faire du vélo	to go cycling
le vendeur	shop assistant (male)
la vendeuse	shop assistant (female)
(le) vendredi	(every) Friday
venir	to come
le vent	wind
vers (10 heures)	at about (10 o'clock)
vert(e)	green
la veste	jacket
les vêtements (m pl)	clothes
Je veux bien.	I'd like that.
Tu veux …?	Do you want to …?
la viande	meat
vide	empty
la vie	life
Je viens de ..	I come from …
la ville	town
le vin	wine
visiter	to visit
Voilà!	There you are!
la voile	sailing
le voisin	neighbour
la voiture	car
le volley	volleyball
Je voudrais …	I would like …
voyager	to travel
vraiment	really
la vue	view

Y

les yeux (m pl)	eyes

Z

Zut!	Bother!

Vocabulaire *anglais – français*

A

abroad	*à l'étranger*
active	*actif(-ive)*
(in the) afternoon	*l'après-midi (m)*
always	*toujours*
I am …	*Je suis …*
I am 12/14/16.	*J'ai 12/14/16 ans.*
amusement park	*le parc d'attractions*
amusing	*amusant(e)*
and	*et*
apple	*la pomme*
apple tart	*la tarte aux pommes*
to do archery	*faire du tir à l'arc*
Are there …?	*Est-ce qu'il y a …?*
Are you …?	*Tu es …?*
at 2 p.m./8.45 p.m., etc.	*à 14 heures/20 heures 45, etc.*
I ate …	*J'ai mangé …*
awful	*1) affreux(-euse)* *2 (*in appearance*) moche/nul(le)*

B

baker's (shop)	*la boulangerie*
badminton	*le badminton*
banana	*la banane*
basketball	*le basket*
beach	*la plage*
beauty salon	*le salon de beauté*
because	*parce que*
bedroom	*la chambre*
best	*meilleur(e)*
birthday	*l'anniversaire (m)*
black	*noir(e)*
blond hair	*les cheveux blonds*
blue	*bleu(e)*
book	*le livre*
bookshop	*la librairie*
boring	*ennuyeux(-euse)*
bossy	*autoritaire*
a bottle of …	*la bouteille de …*
I bought …	*J'ai acheté …*
bowling alley	*le bowling*
bread	*le pain*
bread roll	*le petit pain*
breakfast	*le petit déjeuner*
broken	*cassé(e)*
brother	*le frère*
brown	*marron*
but	*mais*
butcher's (shop)	*la boucherie*
butter	*le beurre*
I buy …	*J'achète …*
to buy	*acheter*

C

cake	*le gâteau*
I'm called …	*Je m'appelle …*
to go camping	*faire du camping*
a can of (coke/fanta)	*la canette de (coca/fanta)*
I can./I can't.	*Je peux./Je ne peux pas.*
You can/can't …	*On peut …/On ne peut pas …*
Can you (visit)?	*Est-ce qu'on peut (visiter)?*
canoeing	*le canoë*
by car	*en voiture*
to play cards	*jouer aux cartes*
carrots	*des carottes (f pl)*
cartoon	(book) *la BD;* (on TV) *le dessin animé*
castle	*le château*
cathedral	*la cathédrale*
cemetery	*le cimetière*
cereal	*les céréales (f pl)*
character	*le caractère*
cheese	*le fromage*
chemist's (shop)	*la pharmacie*
chicken	*le poulet*
chips	*les frites (f pl)*
chocolate mousse	*la mousse au chocolat*
chocolates	*les chocolats (m pl)*
climbing	*l'escalade (f)*
clothes	*les vêtements (m pl)*
by coach	*en car*
coffee	*le café*
cold	*le rhume*
It's cold.	*Il fait froid.*
to collect	*collectionner*
to come	*venir*
I come from …	*Je viens de …*
complicated	*compliqué(e)*
computer	*l'ordinateur (m)*
It costs …	*Ça coûte …*
in the countryside	*à la campagne*
crisps	*les chips (m pl)*
to go cycling	*faire du vélo*

D

dancing	*la danse*
date of birth	*la date de naissance*
decaf	*le (café) décaf*
dessert	*le dessert*
detective series	*la série policière*
I did (the cooking/ my homework).	*J'ai fait (la cuisine/ mes devoirs).*
digital camera	*l'appareil photo numérique (m)*
dirty	*sale*
to do (homework)	*faire (les devoirs)*
We do/make	*Nous faisons*
documentary	*le documentaire*
dog	*le chien*
He/She drank …	*Il/Elle a bu …*
dress	*la robe*
I drink …	*Je bois …*
to drink	*boire*

E

in the east of …	*dans l'est de …*
to eat	*manger*
egg	*l'œuf (m)*
electrician	*électricien (m); électricienne (f)*
electronic keyboard	*le clavier électronique*
electronic organiser	*l'organiseur électronique (m)*
elegant	*élégant(e)*
England	*l'Angleterre (f)*
English	*l'anglais; anglais(e)*
there is/are enough …	*Il y a assez de …*
especially	*surtout*
(in the) evening	*le soir*

eyes	*les yeux (m pl)*
exciting	*passionnant(e)*
expensive	*cher (chère)*

F

family	*la famille*
father	*le père*
to find	*trouver*
I'm fine.	*Je vais bien.*
first name	*le prénom*
fish	*le poisson*
to go fishing	*aller à la pêche*
It's foggy.	*Il y a du brouillard.*
football shirt	*le maillot de foot*
for 10/20 years	*pendant 10/20 ans*
a fortnight	*quinze jours*
France	*la France*
French	*le français; français(e)*
free time	*le temps libre*
friends	*les copains (m pl)*
fruit	*les fruits*
funny	*amusant(e)/marrant(e)*

G

game	*le jeu*
game pad	*la manette*
games room	*la salle de jeux*
German	*l'allemand; allemand(e)*
Germany	*l'Allemagne (f)*
I go climbing/ canoeing, etc.	*Je fais de l'escalade/ du canoë, etc.*
to go	*aller*
to go out	*sortir*
We go to …	*On va à la/au/en …*
I am going to wear/play, etc.	*Je vais porter/jouer, etc.*
We are going to wear/play, etc.	*On va porter/jouer, etc.*
You are going to wear/play, etc.	*Tu vas porter/jouer, etc.*
good	*bien*
go-karting	*le karting*
He/She is good at …	*Il/Elle est fort/forte en …*
Good evening.	*Bonsoir.*
Good idea!	*Bonne idée!*
grapes	*les raisins (m pl)*
great	*chouette/super/génial(e)*
Greece	*la Grèce*
green	*vert(e)*
green beans	*des haricots verts (m pl)*

H

(red) hair	*les cheveux (roux)*
hairdresser	*coiffeur (m); coiffeuse (f)*
ham	*le jambon*
hardly ever	*rarement*
I hate …	*Je déteste …*
Do you have …?	*Tu as…?/Avez-vous …?*
I have …	*J'ai …*
I have to …	*Je dois …*
I'll have the (salad/soup).	*Je prends (la salade/la soupe).*
he (is)	*il (est)*
height	*la taille*
Hello!	*Bonjour!*
Hi!	*Salut!*
(cycle) hire	*la location (de vélos)*
hobbies	*les passe-temps (m pl)*
holiday centre	*le centre de vacances*
holidays	*les vacances (f pl)*
at home	*chez moi/chez nous/ chez elle, etc.*
homework	*les devoirs (m pl)*
I hope that …	*J'espère que …*
horrible	*horrible*
to go horse-riding	*faire de l'équitation*
hospital	*l'hôpital (m)*
It's hot.	*Il fait chaud.*
hot chocolate	*le chocolat chaud*
house	*la maison*
at my house	*chez moi*
housework	*le ménage*
How are you?	*Comment ça va?*
How do you travel?	*Comment voyages-tu?*
How long do you …?	*Combien de temps …?*
How much is it?	*C'est combien?*
How old are you?	*Quel âge as-tu?*
How's it going?	*Comment ça va?*

I

I (am)	*je (suis)*
ice cream	*la glace*
ice hockey	*le hockey sur glace*
if	*si*
in	*1 à* (+ name of a town) *2 au* (+ name of masc. country) *3 en* (+ name of fem. country)
intelligent	*intelligent(e)*
interesting	*intéressant(e)*
Ireland	*l'Irlande (f)*
Is there …?	*Est-ce qu'il y a …?*
Italian	*l'italien; italien(ne)*
Italy	*l'Italie (f)*

J

jacket	*la veste*
jam	*la confiture*
jeans	*le jean*
to go jogging	*faire du jogging*
jogging pants	*le jogging*
You must be joking!	*Tu plaisantes!*

K

un kilo de …	*a kilo of …*

L

last	*dernier(-ière)*
lazy	*paresseux(-euse)*
less	*moins*
library	*la bibliothèque*
Do you like …?	*Tu aimes …?*
I like …/I don't like …	*J'aime …/Je n'aime pas…*
I'd like …	*Je voudrais …*
I'd like that.	*Je veux bien.*
He/She likes …	*Il/Elle aime …*
to listen (to)	*écouter*
I live in …	*J'habite à* (+ name of town) *J'habite au* (+ masc. country) *J'habite en* (+ fem. country)
What do you look like?	*Tu es comment?*
There is/are a lot of …	*Il y a beaucoup de …*
I love …	*J'adore …*
lunch	*le déjeuner*

M

main course	*le plat principal*
make-up	*le maquillage*
map	*la carte*
market	*le marché*
meat	*la viande*
mechanic	*mécanicien (m); mécanicienne*
to meet	*rencontrer*
Let's meet at (1 p.m.).	*Rendez-vous à (13 h).*
to meet up with	*retrouver*
He/She is a member of …	*Il/Elle est membre de …*
midday	*midi*
milk	*le lait*
I don't mind.	*Ça m'est égal.*
mineral water	*l'eau minérale (f)*
mobile phone	*le téléphone portable*
(every) Monday	*(le) lundi*
month	*le mois*
monument	*le monument (historique)*
more	*plus*
(in the) morning	*le matin*
mother	*la mère*
MP3 player	*le baladeur mp3*
I must …	*Je dois …*
You must …	*Il faut …*

N

never	*1) jamais* *2) ne…jamais (*with verb*)*
the news	*les informations (f pl)*
next (month/year)	*(le mois/l'an) prochain*
nice	*sympa*
to go to a nightclub	*aller en boîte*
in the north of …	*dans le nord de …*
Northern Ireland	*l'Irlande du Nord (f)*
nothing	*rien*
nurse	*infirmier (m); infirmière (f)*

O

of course	*bien sûr*
office	*le bureau*
often	*souvent*
OK (to express agreement).	*D'accord.*
old-fashioned	*démodé(e)*
It's on at …	*Ça passe à …*
In my opinion, …	*À mon avis, …*
orange juice	*le jus d'orange*

P

a packet of …	*le paquet de …*
pancake	*la crêpes*
party	*la fête*
peach	*la pêche*
peas	*des petits pois*
perfect	*parfait(e)*
personality	*le caractère*
I phoned	*J'ai téléphoné*
pineapple	*l'ananas (m)*
place of residence	*la domicile*
by plane	*en avion*
I play tennis/golf, etc.	*Je joue au tennis/golf, etc.*
to play tennis/golf, etc.	*jouer au tennis/golf, etc.*
We play …	*Nous jouons …*
I played …	*J'ai joué …*
Portugal	*le Portugal*
Portuguese	*le portugais; portugais(e)*
post office	*la poste*
potatoes	*les pommes de terre (f pl)*
practical	*pratique*
Do you prefer …?	*Tu préfères …?*
I prefer …	*Je préfère …*
present	*le cadeau*
pretty	*joli(e)*
programme	*l'émission (f)*
pullover	*le pull*

Q

quite good	*pas mal*
quiz show	*le jeu télévisé*

R

It's raining.	*Il pleut.*
rarely	*rarement*
I read (past tense)	*J'ai lu*
to read	*lire*
reading	*la lecture*
really	*vraiment*
red	*rouge*
rice	*le riz*
room	*la chambre*
rubbish	*nul(le)*

S

to go sailing	*faire de la voile*
sales assistant	*vendeur (m); vendeuse (f)*
I sang	*J'ai chanté*
(every) Saturday	*(le) samedi*
sauna	*le sauna*
sausage	*la saucisse*
to save up for	*économiser pour*
I'm saving up for …	*J'économise pour …*
school	*le collège*
school things	*le matériel scolaire*
Scotland	*l'Écosse*
at the seaside	*au bord de la mer*
secretary	*le/la secrétaire*
See you tomorrow/later.	*À demain./À plus tard.*
she (is)	*elle (est)*
shirt	*la chemise*
shoes	*les chaussures*
shop	*le magasin*
to do the shopping	*faire les courses*
shower	*la douche*
shy	*timide*
sister	*la sœur*
to go skateboarding	*faire du skate*
skiing	*le ski*
skirt	*la jupe*
slice of bread	*la tartine*
small	*petit(e)*
smaller than	*plus petit(e) que*
snooker	*le billard*
It's snowing.	*Il neige.*
So what?	*Bof …*
some	*1) du (*+ masc. noun*)* *2) de la (*+ fem noun*)* *3) des (*+ plural*)*
I'm sorry.	*Je suis désolé(e).*
What sort of …?	*Quelle sorte de …?*
soup	*la soupe*

in the south of …	dans le sud de …
Spain	l'Espagne (f)
Spanish	l'espagnol (m); espagnol (f)
I speak …	Je parle …
I spent (time)	J'ai passé (du temps)
spinach	les épinards (m pl)
I spoke	J'ai parlé
sporty	sportif(-ive)
starter	l'entrée (f)
stationer's	la papeterie
to stay (at home)	rester (chez moi/ chez nous, etc.)
I stayed …	Je suis resté(e) …
steak	le bifteck
stepbrother	le demi-frère
stepfather	le beau-père
stepmother	la belle-mère
stepsister	la demi-sœur
It's stormy.	Il y a des orages.
strawberry	la fraise
street map	le plan de la ville
in summer	en été
(every) Sunday	(le) dimanche
It's sunny.	Il y a du soleil.
super	super/chouette
surname	le nom
sweets	les bonbons (m pl)
to swim	nager
to go swimming	faire de la natation
swimming pool	la piscine
Switzerland	la Suisse
T	
table football	le baby-foot
tall	grand(e)
taller than	plus grand(e) que
teacher	le /la professeur; le/la prof
text message	le texto
Thank you.	Merci.
That's all.	C'est tout.
That's/That will be €12/€20, etc.	Ça fait 12€/20€, etc.
then	puis/ensuite
There are too many …	il y a trop de …
there is/are	il y a
There is too much …	Il y a trop de …
there isn't/aren't	Il n'y a pas (de) …
there was/were …	il y avait
things	les affaires (f pl)
I think that …	Je pense/trouve que …
What do you think of …?	Qu'est-ce que tu penses de …?
(every) Thursday	le jeudi
to tidy	ranger
from time to time	de temps en temps
At what time?	À quelle heure?
tiny	minuscule
toast	le pain grillé
tomatoes	les tomates (f pl)
town	la ville
by train	en train
trainers	les baskets (f pl)
I travel.	Je voyage.
I travelled.	J'ai voyagé.
trousers	le pantalon
(every) Tuesday	(le) mardi
tuna	le thon
U	
unemployed	au chômage
useful	utile
usually	d'habitude
V	
video camera	le caméscope
video game	le jeu vidéo
to visit (sb)	aller voir (qn)
to visit (a place)	visiter
volleyball	le volley
W	
waiter	le serveur
waitress	la serveuse
Wales	le Pays de Galles
to go for a walk	faire la promenade
to walk	promener
Do you want to go out/ go to …?	Tu veux sortir/aller à …?
It's warm.	Il fait chaud.
to wash	laver
watch	la montre
to watch	regarder
We watch	Nous regardons
I watched …	J'ai regardé …
water sports	les sports nautiques (m pl)
we	nous
We play/go/watch, etc.	Nous jouons/allons/ regardons, etc.
to wear	porter
What's the weather like?	Quel temps fait-il?
(every) Wednesday	(le) mercredi
week	la semaine
I went (to) …	Je suis allé(e) (à/au/en) …
I went water-skiing/ canoeing	J'ai fait du ski nautique/ du canoë
in the west of …	dans l'ouest de …
What can you do in …?	Qu'est-ce qu'on peut faire à …?
What did you …?	Qu'est-ce que tu as …?
What size/colour?	Quelle taille/couleur?
What time was it?	C'était à quelle heure?
What was it like?	C'était comment?
when	quand
When is it?	C'est quand?
Where?	Où?
Where do you come from?	Tu viens d'où?
white	blanc(he)
Who with?	Avec qui?
Why?	Pourquoi?
It's windy.	Il y a du vent.
wine	le vin
in winter	en hiver
to work	travailler
I worked.	J'ai travaillé.
(manual) worker	l'ouvrier (m); l'ouvrière (f)
He/She would like …	Il/Elle voudrait …
I would like …	Je voudrais …
Y	
yellow	jaune
you	tu (informal); vous (formal)

Stratégies

Learning vocabulary means …

- ➢ learning what the French word **means** in English
- ➢ learning how to **spell** the word
- ➢ learning how to **recognise** the word when you see or hear it
- ➢ learning how to **say** the word

In *Expo 1*, you learnt a number of strategies to help you learn vocabulary quickly and make it stick. Here they are again to remind you.

1 Look, say, cover, write, check

Use the five steps below to learn how to spell any word.

1. *LOOK* Look carefully at the word for at least 10 seconds.
2. *SAY* Say the word to yourself or out loud to practise pronunciation.
3. *COVER* Cover up the word when you feel you have learned it.
4. *WRITE* Write the word from memory.
5. *CHECK* Check your word against the original. Did you get it right? If not, what did you get wrong? Spend time learning that bit of the word. Go through the steps again until you get it right.

2 Cognates

A cognate is a word that is spelt the same in English as in French. Most of the time they mean exactly the same, too. Here are some cognates from *Expo 2 Vert*:

intelligent restaurant
golf excellent

But be careful. They may look the same, but usually they aren't pronounced the same. Can you pronounce these four words as a French person would? Only one of them is pronounced almost like the English. Do you know which one it is?

3 Near cognates!

In French there are also lots of words that look similar to English words, but are not identical. Often these words have exactly the same meaning as the English (but not always!). Here is a selection from the ones you come across in *Expo 2 vert*:

fantastique → fantastic
hôpital → hospital
Italie → Italy

4 Mnemonics

One way of remembering new words is to invent a mnemonic, a rhyme or saying that sticks easily in the mind. This is the example from *Expo 1* – the French word for 'shops' – but it's best to make up your own – you'll find them easier to remember/harder to forget.

My
Aunt
Gets
Alligator
Shoes
In
Normal
Shops

You can't learn every word like this, it would take ages! But it's a great way of learning those words that just don't seem to stick.

5 High-frequency words

When you learn French in *Expo*, you see that some words come up again and again. No matter what you're talking about, they're there all the time. These are 'high-frequency words'. Because they occur so often, they are extremely important. You need to know what they mean and how to use them in different topics.

You'll recognise lots of them from *Expo 1* and learn more of them in *Expo 2*.

je
très
à

Write a list of the new high-frequency words you learn as you go along.

6 Letter and sound patterns

Just as in English, many French words contain the same letter patterns. Recognising these patterns will help you to spell and say more words correctly. One way of remembering these is to write lists of words with identical letter patterns. Add to them as you come across more. Here are some that you've learnt in *Expo 2 Vert*:

invit**é** c**in**q intellig**ent**
dans**é** v**in**gt excell**ent**

Les instructions

À deux.	*In pairs.*
À tour de role.	*Take turns.*
Cherche (une photo).	*Look for (a photograph).*
Choisis (le bon mot).	*Choose (the right word).*
Complète les phrases.	*Complete the sentences.*
Copie et complète.	*Copy and complete.*
Copie et remplis.	*Copy and fill in.*
Corrige les phrases.	*Correct the sentences.*
Décris (ton week-end).	*Describe (your weekend).*
Demande à (ton/ta partenaire).	*Ask (your partner).*
Dessine (ta famille).	*Draw a picture of (your family).*
Devine (l'activité).	*Guess (the activity).*
Discute avec ton/ta partenaire.	*Discuss with your partner.*
Donne ton opinion.	*Give your opinion.*
Écoute et lis.	*Listen and read.*
Écoute et vérifie.	*Listen and check.*
Écris (un paragraphe).	*Write (a paragraph).*
Fais correspondre les mots.	*Match the words.*
Fais des conversations.	*Make up conversations.*
Identifie (la personne).	*Identify (the person).*
Invente (les détails).	*Invent (the details).*
Joue le jeu de rôle.	*Act out the role-play.*
Lis (le texte).	*Read (the text).*
Lis, écoute et chante!	*Read, listen and sing!*
Mets les (phrases) dans le bon ordre.	*Put the (sentences) in the right order.*
Note (le symbole).	*Write down (the symbol).*
Pareil ou différent?	*Are they the same or different?*
Pose des questions.	*Ask questions.*
Prends des notes.	*Take notes.*
Préparez (une interview).	*Prepare (an interview).*
Qui est-ce?	*Who is it?*
Qui parle?	*Who is speaking?*
Récoute.	*Listen again.*
Regarde (les images).	*Look at (the pictures).*
Relie (les images et phrases).	*Join (the pictures and the sentences).*
Remplace les symboles par des mots.	*Replace the symbols with words.*
Remplis les blancs.	*Fill in the gaps.*
Répète aussi vite que possible.	*Repeat as quickly as possible.*
Réponds aux questions.	*Answer the questions.*
Sépare les phrases.	*Separate the sentences.*

Trouve (les mots qui manquent).	*Find (the missing words).*
Utilise (le dictionnaire).	*Use (the dictionary).*
Vérifie avec un dictionnaire.	*Check with a dictionary.*
Vrai ou faux?	*True or false?*